PARERGA

Ludwig Wittgenstein

Vorlesungen und Gespräche

Ludwig Wittgenstein

Vorlesungen und Gespräche über Ästhetik, Psychoanalyse und religiösen Glauben

Zusammengestellt und herausgegeben
aus Notizen von
Yorick Smythies, Rush Rhees und James Taylor
von
Cyril Barrett

Deutsche Übersetzung
von
Ralf Funke

PARERGA

Die Deutsche Bibliothek - CIP-Einheitsaufnahme

Wittgenstein, Ludwig:
Vorlesungen und Gespräche über Ästhetik, Psychoanalyse
und religiösen Glauben / Ludwig Wittgenstein. Zsgest.
und hrsg. aus Notizen von Yorick Smythies ... von Cyril
Barrett. Dt. Übers. von Ralf Funke. - 2., neu durchges.
Aufl. - Düsseldorf ; Bonn : Parerga, 1996
    Orig.-Ausg. u.d.T.: Lectures and conversations on aesthetics,
    psychology, and religious belief
    ISBN 3-930450-10-0
NE: Barrett, Cyril [Hrsg.]; Wittgenstein, Ludwig: [Sammlung]

Titel der Originalausgabe
Lectures and Conversations on Aesthetics, Psychology
and Religious Belief
© Basil Blackwell, Oxford 1966 ff
© dieser Ausgabe: Parerga-Verlag GmbH
Düsseldorf und Bonn
Zweite, neu durchgesehene Auflage 1996
Alle Rechte vorbehalten — Printed in Germany
Umschlaggestaltung: Martin Schack, Dortmund
Herstellung: WB-Druck, Rieden am Forggensee
ISBN 3-930450-10-0

Inhalt

Vorwort

Das erste, was über dieses Buch gesagt werden muß, ist, daß nichts darin von Wittgenstein selbst geschrieben worden ist. Die hier publizierten Aufzeichnungen sind nicht Wittgensteins eigene Vorlesungsnotizen, sondern Mitschriften seiner Studenten, die er weder gesehen noch überprüft hat. Es ist sogar zweifelhaft, daß er ihrer Publikation, zumindest in dieser Form, zugestimmt hätte. Da sie aber Themen behandeln, die in seinen publizierten Schriften nur kurz berührt werden und da sie bereits seit geraumer Zeit privat im Umlauf sind, hielten wir es für das beste, sie in einer von ihren Autoren gebilligten Form zu veröffentlichen. Die Vorlesungen über Ästhetik fanden in Cambridge im Sommer 1938 in Privaträumen statt. Sie wurden vor einer kleinen Gruppe von Studenten gehalten, zu der Rush Rhees, Yorick Smythies, James Taylor, Casimir Lewy, Theodore Redpath und Maurice Drury (deren Namen im Text auftauchen) gehörten. Der Name eines anderen Studenten, Ursell, taucht ebenfalls auf (S.45), er hat jedoch an den Vorlesungen nicht teilgenommen. Die Vorlesungen über den religiösen Glauben, die etwa zu der gleichen Zeit gehalten wurden, gehörten zu einer allgemeinen Vorlesungsreihe über Glauben (»Belief«). Die Gespräche zwischen Wittgenstein und Rush Rhees über Freud fanden zwischen 1942 und 1946 statt.

Neben den Aufzeichnungen der Gespräche über Freud stammen auch die Aufzeichnungen der vierten Ästhetik-Vorlesung von Rush Rhees, die übrigen von Smythies. Da wir drei Versionen der ersten drei Vorlesungen über Ästhetik besitzen (von Smythies, Rhees und Taylor — im Text mit S, R und T gekennzeichnet) und zwei Versionen der vierten Vorlesung, haben wir jeweils die vollständigste Fassung gewählt und bedeutsame Abweichungen als Fußnoten hinzugefügt. Die Aufzeichnungen werden hier bis auf kleine grammatikalische Korrekturen und einige Auslassungen, wo das Original unentzifferbar war, gedruckt, wie sie damals aufgenommen worden sind. Obwohl die Versionen in einem bemerkenswerten Maß übereinstimmen, verbürgen sich die

Autoren nicht für die Richtigkeit jeder Einzelheit. Sie beanspru-
chen nicht, einen wörtlichen Bericht dessen zu geben, was Wittgenstein gesagt hat.

Die Aufnahme der Varianten könnte den informellen Diskussionen, um die es sich letztlich gehandelt hat, eine Wichtigkeit und
Feierlichkeit zumessen, die unangebracht scheinen mag. Auf der
anderen Seite sollte klar sein, daß sich die verschiedenen Versionen gegenseitig ergänzen und erläutern und gleichzeitig einen
Hinweis darauf geben, wie eng ihre Übereinstimmung ist (die
nur demonstriert werden könnte, wenn alle Versionen vollständig
wiedergegeben würden). Es wäre wahrscheinlich möglich gewesen, die verschiedenen Versionen zu einem Text zusammenzufas-
sen, aber es erschien uns besser, jede Version, so wie sie aufgenommen worden ist, zu erhalten und den Leser einen zusam-
menhängenden Text für sich selbst rekonstruieren zu lassen. An
einigen Stellen haben wir die Varianten im Interesse der Klarheit
und der Lesbarkeit in den Text aufgenommen. An diesen Stellen
und auch dort, wo editorische Korrekturen erfolgt sind, wurden
eckige Klammern verwendet. Der Gebrauch von drei Punkten
(...) zeigt gewöhnlich an, daß der Text an dieser Stelle eine Lücke
aufweist oder nicht entzifferbar ist.

Zuletzt eine Bemerkung zur Wahl des Materials. Es handelt sich
hier lediglich um eine Auswahl der vorhandenen Mitschriften
von Wittgensteins Vorlesungen. Dennoch haben wir nicht, auch
wenn es so scheint, eine willkürliche Auswahl getroffen. Die hier
veröffentlichten Aufzeichnungen spiegeln Wittgensteins Meinungen und Einstellungen zum Leben, zu religiösen, psychologischen und künstlerischen Fragen wider. Daß Wittgenstein selbst
diese Fragen nicht trennte, wird zum Beispiel durch die Darstellung der Vorlesungen von 1930-33 deutlich, die G.E. Moore gegeben hat (*Mind* 1955).

C.B.

Vorlesungen über Ästhetik

I

1. Der Gegenstand (Ästhetik) ist sehr umfassend und wird, wie mir scheint, völlig mißverstanden. Der Gebrauch eines Wortes wie ›schön‹ führt sogar noch eher zu Mißverständnissen, wenn man die linguistische Form der Sätze, in denen es auftaucht, betrachtet. ›Schön‹ [und ›gut‹ – R.] ist ein Adjektiv, und so könntest du versucht sein zu sagen: »Dies hat eine bestimmte Qualität, nämlich die, schön zu sein«.

2. Wir gehen von einem Gegenstandsbereich der Philosophie zu einem anderen, von einer Gruppe von Wörtern zu einer anderen Gruppe von Wörtern.

3. Es wäre vernünftig, ein Buch über Philosophie nach Teilen der Sprache, Arten von Wörtern, aufzugliedern. Darin müßtest du tatsächlich zwischen viel mehr Sprachteilen unterscheiden als es eine gewöhnliche Grammatik tut. Du würdest stundenlang über die Verben ›sehen‹, ›fühlen‹ etc., Verben der persönlichen Erfahrung, sprechen. Wir spüren eine eigentümliche Verwirrung oder Verwirrungen, die mit diesen Wörtern einhergehen.[1] Du würdest zu einem weiteren Kapitel über Zahlwörter kommen, worin du einer anderen Art der Verwirrung ausgesetzt wärest: einem Kapitel über ›alle‹, ›irgendein‹, ›einige‹ etc. – eine weitere Art der Verwirrung: einem Kapitel über ›du‹, ›ich‹, etc. – eine weitere Art: einem Kapitel über ›schön‹, ›gut‹ – eine weitere Art. Wir stoßen auf eine neue Gruppe von Verwirrungen; die Sprache spielt uns völlig neue Streiche.

4. Ich habe die Sprache oft mit einem Werkzeugkasten verglichen, der Hammer, Meißel, Streichhölzer, Nägel, Schrauben und Leim enthält. Es ist kein Zufall, daß all diese Dinge zusammengetan worden sind – wenn es auch wichtige Unterschiede zwischen den verschiedenen Werkzeugen gibt – es besteht eine Familienähnlichkeit, obwohl sich nichts mehr unterscheidet als

---

[1] Wir finden hier Ähnlichkeiten vor – wir stoßen auf merkwürdige Arten von Verwirrung mit *all* diesen Wörtern. – R.

Leim und Meißel. Es ist immer wieder überraschend, welche neu-
en Streiche uns die Sprache spielt, wenn wir uns auf ein neues
Gebiet begeben.

5. Wenn wir über ein Wort sprechen, fragen wir immer, wie es
uns beigebracht worden ist. Damit werden einerseits einige Mißverständnisse ausgeschaltet, und andererseits erhältst du eine pri-
mitive Sprache, in der das Wort benutzt wird. Diese Sprache
sprichst du nicht, wenn du zwanzig bist, aber du erhältst doch
eine grobe Annäherung an das Sprachspiel, das gespielt wird.
Vgl. wie haben wir gelernt ›Ich träumte dies und das‹? Der interessante Punkt ist, daß wir es nicht lernten, indem uns ein Traum
gezeigt wurde. Wenn du dich fragst, wie ein Kind Ausdrücke wie
›schön‹, ›gut‹ etc. lernt, wirst du feststellen, daß es sie, grob gesagt, als Ausrufe lernt. (Es ist merkwürdig, über das Wort ›schön‹
zu sprechen, weil es kaum je gebraucht wird.) Ein Kind wendet
ein Wort wie ›gut‹ normalerweise zuerst auf das Essen an. Über-
triebene Gesten und Gesichtsausdrücke sind für das Lehren ungeheuer wichtig. Das Wort wird als Ersatz für einen Gesichtsausdruck oder eine Geste gelehrt. Die Gesten, Tonlagen etc. sind in
diesem Fall Ausdrücke der Zustimmung. Was *macht* das Wort
zu einem Ausruf der Zustimmung?[1] Es ist das Spiel, in dem es
auftaucht, nicht die Form der Wörter. (Wenn ich den Hauptfeh-
ler der Philosophen der jetzigen Generation, einschließlich Moo-
res, benennen sollte, würde ich sagen, er besteht darin, daß sie
beim Betrachten der Sprache die Form der Wörter betrachten
und nicht den Gebrauch, der von der Form der Wörter gemacht
wird.) Die Sprache ist ein charakteristischer Teil einer großen
Gruppe von Handlungen — sprechen, schreiben, Bus fah- ren,
einen Mann treffen etc.[2] Wir beschäftigen uns nicht mit den

[1] Und nicht von Mißfallen oder Überraschung zum Beispiel?
    (Das Kind versteht die Gesten, die du machst, wenn du ihm etwas beibringst.
    Wäre das nicht so, könnte es nichts verstehen.) — R.
[2] Wenn wir Häuser bauen, reden und schreiben wir. Wenn ich einen Bus neh-
    me, sage ich zum Schaffner: ›Threepenny‹. Wir konzentrieren uns nicht nur
    auf das Wort oder den Satz, in dem es gebraucht wird — der ist ganz uncharak-
    teristisch — sondern auf die Gelegenheit, bei der es gesagt wird: den Rahmen,
    in welchem (nota bene) das tatsächliche Urteil praktisch gar nichts bedeutet. —
    R.

ganz und gar uncharakteristischen Wörtern ›gut‹ und ›schön‹, die normalerweise nur in kurzen Sätzen aus Subjekt und Prädikat (›Dies ist schön‹) auftauchen, sondern mit den Gelegenheiten, bei denen sie benutzt werden — mit den ungeheuer komplizierten Situationen, in welchen der ästhetische Ausdruck einen Platz hat, in welchen der Ausdruck selbst aber beinahe nebensächlich ist.

6. Wenn du zu einem fremden Stamm, dessen Sprache du nicht verstehst, gingest, und du wolltest wissen, welche Wörter ›gut‹, ›schön‹ etc. entsprechen, wonach würdest du suchen? Du würdest dich nach einem Lächeln, nach Gesten, Nahrung, Spielzeug umsehen. ([Antwort auf einen Einwand:] Wenn du auf den Mars fliegen würdest und die Wesen dort bestünden aus Kugeln mit herausragenden Antennen, dann wüßtest du nicht, wonach du suchen solltest. Das gleiche wäre der Fall, wenn du zu einem Stamm gingest, wo die einzigen mit dem Mund erzeugten Geräusche das Atmen oder Musik wären, die Sprache aber mit den Ohren erzeugt würde. Vgl. »Wenn du die Bäume sich wiegen siehst, sprechen sie miteinander.« (»Alles hat eine Seele.«) Du vergleichst die Äste mit Armen. Natürlich müssen wir die Gesten des Stammes in Analogie zu unseren interpretieren.) Wie weit uns das von der normalen Ästhetik [und Ethik — T.] wegführt. Wir beginnen nicht mit bestimmten Wörtern, sondern mit bestimmten Gelegenheiten oder Handlungen.

7. Eine charakteristische Eigenschaft unserer Sprache besteht darin, daß eine große Anzahl von Wörtern, die unter diesen Umständen benutzt wird, Adjektive sind — schön, hinreißend etc. Aber dies ist keineswegs notwendig. Wir sahen, daß diese Wörter zuerst als Interjektionen benutzt wurden. Würde es etwas ausmachen, wenn ich anstatt »Das ist gut« einfach »Ah!« sagte und lächelte, oder wenn ich meinen Bauch riebe? Soweit diese primitiven Sprachen reichen, taucht das Problem, was diese Wörter bedeuten, was ihr wirklicher Gegenstand[1] ist, [der ›schön‹ oder ›gut‹ genannt wird — R.] gar nicht auf.

8. Es ist bemerkenswert, daß im wirklichen Leben ästhetische Adjektive wie ›schön‹, ›gut‹ usw. kaum eine Rolle spielen, wenn äs-

---

[1] Was der Gegenstand, der wirklich gut ist — T.

thetische Urteile gefällt werden. Werden ästhetische Adjektive in der Musikkritik benutzt? Man sagt: »Betrachte diesen Übergang«[1], oder [Rhees] »Die Passage ist inkohärent«. Oder in der Kritik eines Gedichtes sagt man [Taylor]: »Er gebraucht präzise Bilder«. Die Begriffe, die benutzt werden, ähneln eher ›richtig‹ und ›korrekt‹ (so wie diese in der gewöhnlichen Sprache gebraucht werden) als ›schön‹ oder ›hinreißend‹[2].

9. Wörter wie ›hinreißend‹ werden zuerst als Ausrufe benutzt und später nur noch bei wenigen Gelegenheiten. Wir können von einem Musikstück sagen, es sei hinreißend und es damit nicht loben, sondern charakterisieren. (Natürlich gebrauchen viele Menschen, die sich nicht gut ausdrücken können, dieses Wort sehr oft. Aber so wie sie es gebrauchen, ist es eine Interjektion.) Ich könnte fragen: »Für welche Melodie würde ich am liebsten das Wort ›hinreißend‹ gebrauchen?« Ich könnte mich entscheiden, eine Melodie entweder ›hinreißend‹ oder ›jugendlich‹ zu nennen. Es ist dumm, ein Musikstück ›Frühlingsmelodie‹ oder ›Frühlingssymphonie‹ zu nennen. Aber der Begriff ›frühlingshaft‹ wäre ganz und gar nicht absurd, genauso wenig wie ›getragen‹ oder ›bombastisch‹.

10. Wäre ich ein guter Zeichner, könnte ich eine unzählbare Anzahl von Ausdrücken durch vier Striche erzeugen —

Wörter wie ›bombastisch‹ und ›getragen‹ könnten durch Gesichter ausgedrückt werden. Damit wären unsere Beschreibungen viel flexibler und unterschiedlicher als sie es durch den Ausdruck von Adjektiven sind. Wenn ich von einem Schubert-Stück sage, es sei melancholisch, dann ist es so, als gäbe ich ihm ein Gesicht. (Ich drücke nicht Zustimmung oder Mißfallen aus). Ich

---

[1] ›Der Übergang wurde richtig ausgeführt.‹ – T.
[2] Es wäre besser, ›hinreißend‹ beschreibend zu gebrauchen, so wie ›getragen‹ oder ›bombastisch‹. etc. – T.

könnte auch Gesten benutzen oder [Rhees] Tanzschritte. In Wirklichkeit benutzen wir tatsächlich Gesten und Gesichtsausdrücke, wenn wir genau sein wollen.

11. [*Rhees*: Welche Regel benutzen wir oder auf welche Regel verweisen wir, wenn wir sagen: »Das ist die richtige Art«? Wenn ein Musiklehrer sagt, ein Stück *müsse* in einer bestimmten Weise gespielt werden und es dann vorspielt, was spricht er da an?]

12. Nimm die Frage: »Wie soll ein Gedicht gelesen werden? Was ist die richtige Art des Lesens?« Wenn man über Blankverse spricht, könnte die richtige Art des Lesens darin bestehen, sie richtig zu betonen. Man könnte darüber diskutieren, wie sehr der Rhythmus betont und wann er unterdrückt werden sollte. Ein Mann sagt, es sollte *so* gelesen werden und liest es dir vor. Du sagst: »Oh ja, nun verstehe ich es.« Es gibt Fälle, wo Gedichte beinahe skandiert werden, wo das Versmaß kristallklar ist — andere, wo das Versmaß ganz in den Hintergrund gerät. Ich hatte ein Erlebnis mit Klopstock[1]. Ich fand heraus, daß man sein Versmaß anormal betonen muß, um ihn richtig zu lesen. Klopstock setzte seinen Gedichten ⌣⌐⌣ etc. voran. Als ich seine Gedichte auf diese neue Art las, sagte ich mir: »Aha, jetzt weiß ich, warum er das getan hat.« Was war geschehen? Ich hatte diese Art von Zeugs bereits gelesen und war milde gelangweilt gewesen. Aber als ich es jetzt intensiv auf diese eigentümliche Art las, lächelte ich und sagte: »Das ist *großartig*«, usw. Aber ich hätte auch nichts zu sagen brauchen. Wichtig ist, daß ich sie immer und immer wieder las. Als ich die Gedichte las, machte ich Gesten und Gesichtsausdrücke, die Gesten der Zustimmung genannt werden würden. Aber wichtig ist, daß ich die Gedichte ganz anders, viel intensiver las, und daß ich zu anderen sagte: »Schaut! So müssen sie gelesen werden.«[2] Ästhetische Adjektive spielten kaum eine Rolle.

---

[1] Friedrich Gottlieb Klopstock (1724-1803). Wittgenstein bezieht sich auf die Oden (*Ges. Werke*, Stuttgart 1886/87). Klopstock vertrat die Ansicht, daß poetische Diktion verschieden von der gewöhnlichen Sprache sei. Er lehnte den Reim als vulgär ab und führte stattdessen das Versmaß der Antike ein. – Hrsg.

[2] Wenn wir von der richtigen Art, ein Gedicht zu lesen, reden, dann kommt Zustimmung ins Spiel, aber sie spielt bei dieser Gelegenheit eine ziemlich kleine Rolle. – R.

13. Was sagt jemand, der weiß, was ein guter Anzug ist, wenn er beim Schneider einen Anzug anprobiert? »Das ist die richtige Länge«, »Das ist zu kurz«, »Das ist zu eng«. Ausdrücke der Zustimmung spielen keine Rolle, auch wenn er zufrieden aussieht, wenn der Anzug ihm steht. Anstatt zu sagen »Das ist zu kurz«, könnte ich sagen »Sehen Sie!«, oder anstatt »Richtig« könnte ich sagen »Lassen Sie es so«. Ein guter Schneider gebraucht vielleicht gar keine Worte, sondern macht nur eine Kreidemarkierung und ändert später. Wie zeige ich, daß mir der Anzug gefällt? Hauptsächlich dadurch, daß ich ihn oft trage, daß ich es mag, wenn er gesehen wird, etc.

14. (Wenn ich dir auf einem Bild Licht und Schatten eines Körper beschreibe, gebe ich dir damit seine Gestalt an. Aber wenn ich dir nur die hellen Stellen eines Bildes beschreibe, weißt du nichts über die Gestalt.)

15. Im Fall des Wortes ›richtig‹ gibt es eine Anzahl von verwandten Fällen. Da ist zunächst der Fall, in welchem du die Regeln lernst. Der Schneider lernt, wie lang ein Mantel sein muß, wie weit die Ärmel usw. Er lernt Regeln — er wird abgerichtet — so wie man in der Musik in Harmonielehre und Kontrapunkt abgerichtet wird. Angenommen, ich werde Schneider und lerne zunächst alle Regeln, dann könnte ich, grob gesagt, zwei Arten von Einstellungen entwickeln. (1) Lewy sagt: »Das ist zu kurz.« Ich sage: »Nein. Es ist richtig. Es ist den Regeln gemäß.« (2) Ich entwickle ein Gefühl für die Regeln. Ich interpretiere die Regeln. Ich könnte sagen: »Nein. Es ist nicht richtig. Es ist nicht gemäß den Regeln.«[1] Damit würde ich über den Gegenstand, der im Sinne (1) den Regeln entspricht, ein ästhetisches Urteil abgeben. Andererseits könnte ich das ästhetische Urteil nicht fällen, wenn ich die Regeln nicht gelernt hätte. Durch das Lernen der Regeln verfeinert sich dein Urteilsvermögen mehr und mehr. Tatsächlich ändert das Lernen der Regeln dein Urteil. (Aber: Wenn du nie Harmonielehre gelernt und kein gutes Ohr hast, wirst du vielleicht dennoch eine Disharmonie in einer Akkordfolge entdekken können.)

---

[1] ›Siehst du nicht, daß es nicht richtig ist und nicht mit den Regeln übereinstimmt, wenn wir es breiter machen?‹ — R.

16. Du kannst die Regeln, die für das Maßnehmen eines Mantels aufgestellt worden sind, als Ausdruck dessen betrachten, was bestimmte Leute wollen[1]. Die Menschen waren unterschiedlicher Meinung, wie ein Mantel geschnitten sein sollte, es gab einige, denen es egal war, ob er weit oder eng war etc., während andere sich sehr heftig dafür interessierten[2]. Die Regeln der Harmonielehre, kann man sagen, drückten aus, wie sich die Leute die Akkordfolgen wünschten – ihre Wünsche kristallisierten sich in den Regeln. (Das Wort ›Wünsche‹ ist viel zu vage.)[3] Die größten Komponisten schrieben in Übereinstimmung mit den Regeln. [Antwort auf Einwand:] Man kann sagen, daß jeder Komponist die Regeln geändert hat, aber diese Änderungen waren sehr gering, und nicht alle Regeln wurden geändert. Die Musik war noch immer nach sehr vielen der alten Regeln gut. – Das gehört aber nicht hierher.)

17. Jemand mit Urteilsvermögen entwickelt sich durch das, was wir die Künste nennen, weiter. (Ein Mensch mit Urteilsvermögen bedeutet nicht jemand, der ›wunderbar!‹ bei bestimmten Gelegenheiten sagt.[4]) Wenn wir von ästhetischen Urteilen sprechen, denken wir unter tausend anderen Dingen an die Künste. Wenn wir über einen Gegenstand ein ästhetisches Urteil fällen, starren wir ihn nicht einfach an und sagen:»Oh, wie wunderbar!«. Wir unterscheiden zwischen Leuten, die wissen, wovon sie sprechen, und solchen, die das nicht tun[5]. Damit jemand englische Poesie bewundern kann, muß er Englisch beherrschen. Angenommen,

---

[1] Diese können sehr deutlich festgelegt sein und gelehrt werden oder gar nicht formuliert sein. – T.

[2] Aber – es ist einfach eine Tatsache, daß die Menschen bestimmte Regeln festgelegt haben. Wir sagen ›Menschen‹, aber tatsächlich handelt es sich um eine bestimmte Klasse... Wenn wir ›Menschen‹ sagen, dann waren dies *einige* Menschen. – R.

[3] Und obwohl wir hier von ›Wünschen‹ gesprochen haben, ist die Tatsache einfach, daß die Regeln festgelegt worden sind. – R.

[4] In dem, was wir die Künste nennen, entwickelte sich, was wir einen ›Richter‹ nennen, d.h. jemand, der ein Urteil hat. Das bedeutet nicht einfach jemand, der bewundert oder nicht bewundert. Wir haben es hier mit einem ganz neuen Element zu tun. – R.

[5] Er muß über einen langen Zeitraum in gleichförmiger Weise reagieren, muß alles mögliche wissen.– T.

ein Russe, der nicht Englisch spricht, ist überwältigt von einem Sonett, das als gut gilt. Wir würden sagen, daß er überhaupt nicht weiß, was es gut macht. Genauso würden wir von jemand, der keine Ahnung von Metrik hat, aber überwältigt ist, sagen, daß er nicht weiß, was in dem Sonett steckt. In der Musik ist das noch klarer. Angenommen, jemand bewundert und genießt, was als gut gilt, kann aber die einfachsten Melodien nicht behalten, weiß nicht, wo der Baß einsetzt usw. Wir sagen, daß er nicht verstanden hat, was die Musik ausdrückt. Wir gebrauchen den Ausdruck ›Ein Mensch ist musikalisch‹ nicht so, daß wir jemanden musikalisch nennen würden, der »Ah!« sagt, wenn ein Musikstück gespielt wird, genausowenig wie wir einen Hund musikalisch nennen, der mit dem Schwanz wedelt, wenn Musik gespielt wird[1].

18. Das Wort, über das wir sprechen sollten, ist ›zu schätzen wissen‹ (»appreciate«). Worin besteht das Schätzen, die Kennerschaft von etwas?

19. Ein Mann geht beim Schneider durch eine endlose Anzahl von Mustern [und] sagt: »Nein, das ist ein wenig zu dunkel. Das ist ein wenig zu schreiend« usw. Er ist, was wir einen Kenner des Materials nennen würden. Daß er ein Kenner ist, zeigt sich nicht an seinen Ausrufen, sondern an der Art, wie er auswählt usw. Genauso in der Musik: »Harmoniert das? Nein. Der Baß ist nicht laut genug. Hier möchte ich nur etwas anderes...« Das nennen wir Kennerschaft.

20. Es ist nicht nur schwierig zu beschreiben, worin Kennerschaft besteht, sondern unmöglich. Um zu beschreiben, worin sie besteht, müßten wir die ganze Umgebung beschreiben.

21. Ich weiß genau, was passiert, wenn jemand, der viel über Anzüge weiß, zum Schneider geht. Ich weiß auch, was passiert, wenn jemand dahin geht, der nichts über Anzüge weiß — was er sagt, wie er sich verhält usw.[2] Es gibt außerordentlich viele verschiedene Fälle von Kennerschaft. Und natürlich ist das, was ich

---

[1] Vgl. den Menschen, der gerne Musik hört, aber nicht darüber sprechen kann und in dieser Hinsicht ziemlich unwissend ist. ›Er ist musikalisch‹. Wir würden das nicht sagen, wenn er beim Hören von Musik nur glücklich ist, die anderen Aspekte aber nicht vorhanden sind. – T.

[2] Das ist Ästhetik. – T.

weiß, nichts im Vergleich zu dem, was ich wissen könnte. Um zu sagen, was Kennerschaft ist, müßte ich z.b. eine solch ungeheure Warze wie das Kunstgewerbe, diese eigentümliche Krankheit, erklären. Ich müßte auch erklären, was unsere Photographen heutzutage tun, und warum es unmöglich ist, ein anständiges Photo eines Freundes zu erhalten, auch wenn du 1000 Pfund dafür bezahlst.

22. Man kann sich eine Vorstellung von einer sehr hochstehenden Kultur machen, wie z.b. der deutschen Musik im letzten und vorletzten Jahrhundert, und davon, was passiert, wenn sie zusammenbricht. Eine Vorstellung von dem, was in der Architektur passiert, wenn Imitationen auftauchen oder wenn sich Tausende von Leuten für geringste Details interessieren. Eine Vorstellung von dem, was passiert, wenn ein Eßtisch mehr oder weniger willkürlich ausgesucht wird, wenn keiner mehr weiß, wo er hergekommen ist[1].

23. Wir sprachen von Richtigkeit. Ein guter Schneider gebraucht keine anderen Worte als ›zu lang‹, ›richtig‹. Wenn wir über eine Symphonie von Beethoven sprechen, reden wir nicht von Richtigkeit. Hier sind ganz andere Dinge wichtig. Man würde nicht sagen, daß man die *gewaltigen* Dinge in der Kunst schätzt. In gewissen Architekturstilen ist eine Tür richtig, und wir schätzen sie darum. Aber im Fall einer gotischen Kathedrale spielen völlig andere Dinge eine Rolle für uns, und wir würden die Tür nicht ›richtig‹ nennen[2]. Das gesamte *Spiel* ist anders. Es ist so verschieden wie bei der Beurteilung eines Menschen zum einen zu sagen ›Er benimmt sich gut‹ und zum anderen ›Er hat einen großen Eindruck auf mich gemacht‹.

24. ›Richtig‹, ›reizend‹, ›fein‹ usw. spielen eine völlig andere Rol-

---

[1] Erkläre, was passiert, wenn ein Handwerk verfällt. Eine Periode, in der alles festgelegt ist und außerordentliche Sorgfalt auf gewisse Details gelegt wird; und eine Periode, in der alles kopiert wird und über nichts nachgedacht wird. – T. Eine große Anzahl von Menschen interessiert sich sehr für ein Detail eines Eßzimmerstuhls. Und dann gibt es eine Periode, in der der Eßzimmerstuhl im Wohnzimmer steht, und niemand weiß, wie es dazu kam, oder daß die Menschen einmal sehr viele Gedanken darauf verwendet haben, herauszufinden, welches Aussehen er haben sollte. – R.

[2] Es gibt hier keine Frage des *Grades*. – R.

le. Vgl. die berühmte Rede Buffons — eines großartigen Mannes — über den Stil in der Dichtung, wo er eine Menge Unterscheidungen macht, die ich nur vage verstehe, die er aber nicht vage gemeint hat — alle möglichen Nuancen wie ›großartig‹, ›charmant‹, ›nett‹[1].

25. Die Wörter, die wir Ausdrücke von ästhetischen Urteilen nennen, spielen eine sehr komplizierte, aber genau festgelegte Rolle in der Kultur einer Epoche. Um ihren Gebrauch zu beschreiben, oder um zu beschreiben, was mit kultiviertem Geschmack gemeint ist, muß man eine Kultur beschreiben[2]. Was wir jetzt kultivierten Geschmack nennen, existierte vielleicht im Mittelalter gar nicht. Ein völlig anderes Spiel wird zu verschiedenen Zeiten gespielt.

26. Zu einem Sprachspiel gehört eine ganze Kultur. Bei der Beschreibung des musikalischen Geschmacks mußt du beschreiben, ob Kinder Konzerte geben oder Frauen, oder ob nur Männer das tun etc. etc.[3] In den aristokratischen Kreisen Wiens hatten die Leute [diesen oder jenen] Geschmack, der ging dann in bürgerliche Kreise ein, und Frauen traten Chören bei etc. Dies ist ein Beispiel für Tradition in der Musik.

27. [*Rhees*: Gibt es eine Tradition in der Kunst der Neger? Kann ein Europäer Neger-Kunst schätzen?]

28. Was könnte Tradition in Neger-Kunst sein? Daß Frauen Grasröcke tragen? usw. usw. Ich weiß es nicht. Ich weiß nicht, wie Frank Dobsons Bewunderung für Neger-Kunst sich zu der eines gebildeten Negers verhält[4]. Wenn du sagst, er schätzt sie, weiß ich noch nicht, was das bedeutet[5]. Er könnte sein Zimmer

---

[1] *Discours sur le style*: die Rede, die er 1753 anläßlich seiner Aufnahme in die Academie Française gehalten hat. — Hrsg.

[2] Eine Reihe ästhetischer Regeln vollständig zu beschreiben, bedeutet, die Kultur einer Epoche zu beschreiben. — T.

[3] ... daß Kinder durch Erwachsene unterrichtet werden, die Konzerte besuchen usw., daß die Schulen sind, wie sie sind usw. — R.

[4] Frank Dobson (1883 — 1963), Maler und Bildhauer. Er erweckte als erster das Interesse an afrikanischen und asiatischen Skulpturen in England, das die Arbeit Picassos und der anderen Kubisten in den Jahren unmittelbar vor und nach dem Ersten Weltkrieg charakterisierte. — Hrsg.

[5] Hier hast du nicht klar gemacht, was du mit ›Neger-Kunst schätzen‹ meinst. — T.

mit Gegenständen von Neger-Kunst vollstellen. Sagt er nur
»Ah!«? Oder tut er, was die besten Neger-Musiker tun? Oder
stimmt er mit so und so überein oder stimmt er nicht überein?
Das kannst du Zu-schätzen-wissen nennen. Völlig anders verhält
es sich für einen gebildeten Neger, obwohl auch der Neger-
Kunstgegenstände in seinem Zimmer haben mag. Die Kennerschaft des Negers ist ganz und gar verschieden von der Frank
Dobsons. Man tut verschiedenes mit ihr. Denke dir, Neger klei-
den sich in bestimmter Weise, und ich sage, daß ich ein gutes
Neger-Hemd schätze. Bedeutet das, daß ich mir eines machen
lassen werde, oder daß ich (wie beim Schneider) sage »Nein... das
ist zu lang«, oder bedeutet es, daß ich sage »Wie hübsch!«?
29. Angenommen, Lewy hätte das, was man einen kultivierten
Geschmack in bezug auf Malerei nennt. Das ist etwas völlig anderes als das, was im 15. Jahrhundert kultivierter Geschmack genannt wurde. Ein ganz anders Spiel wurde da gespielt. Für ihn
bedeutet er etwas völlig anderes als für einen Menschen damals.
30. Es gibt viele gutgestellte Leute, die auf guten Schulen waren,
die sich Reisen leisten können und den Louvre besuchen etc.,
und die eine Menge über Dutzende von Malern wissen und über
sie fließend reden können. Ein anderer hat sehr wenige Bilder
gesehen, aber er betrachtet sie intensiv, und sie machen einen
starken Eindruck auf ihn[1]. Jemand ist sehr allgemein gebildet,
aber weder tief noch umfassend, ein anderer sehr eng, konzentriert und eingegrenzt. Sind das verschiedene Arten von Kennerschaft? All das kann ›Kennerschaft‹ genannt werden.
31. Du sprichst in völlig anderer Weise über die Krönungsrobe
Edward II.[2] als über einen Anzug. Wie verhielten *sie* sich und
was sagten *sie* über Krönungsroben? Hat ein Schneider die Robe
angefertigt? Vielleicht wurde sie von italienischen Künstlern entworfen, die in ihren eigenen Traditionen standen, und sie wurde
von Edward II. nie gesehen, bis er sie trug? Fragen wie ›Welche
Standards gab es?‹ usw. sind wichtig in bezug auf die Frage

---

[1] Jemand, der nicht gereist ist, aber der bestimmte Beobachtungen macht, die
zeigen, daß er ... ›wirklich sehr bewundert‹, eine Bewunderung, die auf eine
Sache konzentriert und sehr tief ist — so daß du deinen letzten Groschen dafür
geben würdest. — R.

[2] Edward, der Bekenner. — T.

›Kannst du die Robe kritisieren, so wie sie sie kritisieren konnten?‹ Du schätzt sie in einer ganz anderen Art, deine Einstellung zu ihr ist völlig verschieden von einem, der zu der Zeit lebte, als sie entworfen wurde. Andererseits: »Was für eine schöne Krönungsrobe!« hätte von jemandem zu der damaligen Zeit genauso gesagt werden können wie von jemandem heute.

32. Ich lenke eure Aufmerksamkeit auf Unterschiede und sage: »Schaut, wie verschieden die Unterschiede sind!« »Seht das Gemeinsame der verschiedenen Fälle«, »Seht, was ästhetische Urteile gemeinsam haben.« Eine ungeheuer komplizierte Familie von Fällen bleibt übrig mit dem Höhepunkt — dem Ausdruck der Bewunderung, einem Lächeln, einer Geste etc.

33. [Rhees fragte nach Wittgensteins ›Theorie‹ des Verfalls.] Glaubst du, ich habe eine Theorie? Glaubst du, ich sage, was Verfall ist? Ich beschreibe verschiedene Zustände, die Verfall genannt werden. Ich könnte für den Verfall sein — »Alles schön und gut, eure Musikkultur; ich bin froh, daß Kinder keine Harmonielehre mehr lernen.« [*Rhees*: Impliziert, was Sie sagen, nicht eine Vorliebe für den Gebrauch von ›Verfall‹ in einem bestimmten Sinn?] Richtig, wenn du so willst, aber das ist nebensächlich — nein, es bedeutet nichts. Mein Beispiel von Verfall ist ein Beispiel von etwas, das ich kenne, vielleicht von etwas, das ich nicht mag. Ich weiß es nicht. ›Verfall‹ trifft nur ein klein wenig von dem, was ich vielleicht kenne.

34. Unsere Kleidung ist in gewisser Weise einfacher als im 18. Jahrhundert, sie ist eher bestimmten gewaltsamen Aktivitäten wie Fahrrad fahren und Wandern angepaßt usw. Angenommen, wir bemerken ähnliche Unterschiede in der Architektur oder der Haarmode etc. Angenommen, ich würde über den Verfall des Lebensstils sprechen[1]. Wenn jemand fragt: »Was meinst du mit Verfall?« beschreibe ich, gebe Beispiele. Du benutzt ›Verfall‹ einerseits, um eine bestimmte Art von Entwicklung zu beschreiben und andererseits, um dein Mißfallen auszudrücken. Ich könnte damit Dinge verbinden, die ich mag, du Dinge, die du nicht magst. Aber das Wort kann auch ohne gefühlsmäßiges Element benutzt werden; du gebrauchst es, um eine bestimmte Sache zu

---

[1] Verfall des Stils und der Lebensart. — R.

beschreiben, die passiert ist.[1] Es war eher ein technischer Ausdruck — vielleicht, aber überhaupt nicht notwendigerweise, mit
einem etwas abfälligen Element darin. Vielleicht protestierst du,
wenn ich von Verfall rede:»Aber das war sehr gut.« Ich sage:»Na
schön, aber darüber habe ich nicht gesprochen. Ich habe damit
nur eine bestimmte Art der Entwicklung beschrieben.«

35. Um dir über ästhetische Begriffe klar zu werden, mußt du
Lebensweisen beschreiben[2]. Wir glauben, wir müssen über ästhetische Urteile wie ›Das ist schön‹ reden, aber wir haben gesehen,
daß diese Ausdrücke gar nicht auftauchen, wenn wir über ästhetische Urteile reden, sondern ein Wort etwa so wie eine Geste benutzt wird, die eine komplizierte Handlung begleitet[3].

36. [Lewy: Wenn meine Wirtin ein Bild hübsch findet und ich
häßlich, widersprechen wir uns nicht.]

In einem Sinn [und in bestimmten Beispielen — R.] widersprecht
ihr euch. Sie staubt es sorgfältig ab, betrachtet es häufig usw. Du
willst es ins Feuer werfen. Das ist genau die dumme Art von Beispiel, die in der Philosophie gegeben wird, als ob ›Das ist schön‹
oder ›Das ist häßlich‹ das einzige wäre, was je gesagt würde. Aber
es handelt sich nur um eine Sache in einem großen Feld von anderen — ein spezieller Fall. Angenommen, die Wirtin sagt »Das
ist häßlich«, und du sagst »Das ist hübsch« — schön, so viel dazu.

---

[1] ›Verfall‹ erhält seine Bedeutung durch die Beispiele, die ich geben kann. ›Das
ist Verfall‹ kann ein Ausdruck der Ablehnung oder eine Beschreibung sein.

[2] Vgl. ›Dies ist ein guter Anzug‹. — R.

[3] Das Urteil ist ein Geste, die eine ausgedehnte Struktur von Handlungen begleitet, die nicht durch ein Urteil ausgedrückt wird. — R.
›Das ist gut‹ ist beinahe auf einer Ebene mit einer Geste; es ist verknüpft mit
allen Arten von Gesten und Handlungen und einer Gesamtsituation und einer
Kultur. In der Ästhetik, genau wie in der Kunst, spielt das, was wir Ausrufe genannt haben, eine sehr geringe Rolle. Die dort benutzten Adjektive sind enger
verwandt mit ›richtig‹. — T.

II

1. Eine interessante Sache ist die Vorstellung, die die Menschen von einer Art von Wissenschaft der Ästhetik haben. Ich würde lieber davon reden, was mit Ästhetik gemeint sein könnte.
2. Man könnte glauben, Ästhetik sei eine Wissenschaft, die uns sagt, was schön ist — beinahe zu lächerlich für Worte. Ich nehme an, sie müßte auch erklären, welche Sorte Kaffee gut schmeckt[1].
3. Ich sehe es ungefähr so — es gibt einen Bereich von Ausdrükken des Wohlbehagens, wenn du gutes Essen probierst oder einen angenehmen Geruch wahrnimmst etc., dann gibt es den Bereich der Kunst, der sich davon ziemlich unterscheidet, obwohl du das gleiche Gesicht machen magst, wenn du ein Musikstück hörst oder wenn du ein gutes Essen ißt. (Vielleicht weinst du auch, wenn du etwas sehr magst.)
4. Nehmen wir an, du triffst jemanden auf der Straße, der dir mit gefühlsmäßig stark bewegter Stimme mitteilt, daß sein bester Freund gestorben ist[2]. Du könntest sagen: »Wie er sich ausgedrückt hat, war außerordentlich schön.« Angenommen, du fragst dann: »Welche Ähnlichkeit besteht zwischen meiner Bewunderung für diese Person und meiner Vorliebe für Vanilleeis?« Dieser Vergleich erscheint fast widerlich. (Aber du kannst diese Gefühle durch dazwischenliegende Fälle verbinden.) Nimm an, jemand sagt: »Aber dies ist eine ganz andere Art von Genuß.« Aber hast du zwei Bedeutungen von Genuß gelernt? Du benutzt das gleiche Wort bei beiden Gelegenheiten[3]. Es gibt eine Verbindung zwischen diesen Genüssen. In dem ersten Fall allerdings würde nach unserem Urteil das Gefühl des Genusses kaum zählen[4].
5. Es ist, als ob man sagte: »Ich klassifiziere Kunstwerke in folgender Weise: zu manchen schaue ich auf, auf andere schaue ich

---

[1] Es ist schwer, Grenzen zu finden. — R.

[2] Jemand ... der dir in beherrschter Weise mitteilt, daß er seinen Freund verloren hat. — R.

[3] Beachte, daß du das gleiche Wort benutzt, aber nicht in der zufälligen Weise, wie du das Wort >Bank< für zwei Gegenstände benutzt [wie >Sitzbank< und >Kreditbank< — R.] — T.

[4] Obwohl im ersten Fall die Geste oder der Ausdruck des Genusses in einer Weise höchst unwichtig sein kann. — T.

herab.« Diese Art der Klassifikation könnte interessant sein[1]. Wir
könnten alle möglichen Verbindungen entdecken zwischen dem
Aufsehen zu und dem Herabsehen auf Kunstgegenstände und
dem Auf- und Herabsehen auf andere Dinge. Wenn wir vielleicht
herausfänden, daß das Essen von Vanilleeis uns aufsehen läßt,
dann würden wir dem Aufsehen möglicherweise weniger Bedeutung beimessen. Es kann einen Bereich geben, einen kleinen Bereich von Erfahrungen, der uns aufsehen oder herabsehen läßt,
wo ich sehr viel aus der Tatsache, daß ich auf- oder herabsehe,
schließen kann; einen anderen Erfahrungsbereich, wo nichts aus
dem Auf- oder Herabsehen geschlossen werden kann[2]. Vergleiche
damit, daß das Tragen von blauen oder grünen Hosen in manchen Gesellschaften eine Menge bedeuten mag, in anderen aber
gar nichts.

6. Was sind Ausdrücke des Etwas-mögens? Ist es nur, was wir sagen oder Ausrufe oder Gesichter, die wir dazu machen? Offenbar
nicht. Häufig kommt es darauf an, wie oft ich etwas lese oder
wie oft ich einen Anzug trage. Vielleicht werde ich nicht einmal
sagen: »Er ist hübsch«, aber ich trage ihn oft, und ich betrachte
ihn[3].

7. Angenommen, wir bauen Häuser und geben den Türen und
Fenstern bestimmte Ausmaße. Zeigt sich die Tatsache, daß wir
diese Ausmaße *mögen*, in irgend etwas, was wir sagen? Zeigt sich,
was wir mögen, notwendigerweise durch einen Ausdruck des *Mö-
gens?*[4] [Zum Beispiel – R.] denke dir, unsere Kinder malen Fen-
ster, und sie werden bestraft, wenn sie sie falsch malen. Oder
wenn jemand ein bestimmtes Haus baut und wir uns weigern,
darin zu leben oder wenn wir weglaufen.

8. Nehmen wir den Fall der Mode. Wie entsteht Mode? Nun,
wir tragen die Rockaufschläge breiter als letztes Jahr. Bedeutet

---

[1] Du könntest an den Dingen weitere Eigenschaften entdecken, die dich aufblik-
ken lassen. – R.

[2] Mancher wird vielleicht die Bedeutung dieser Art von Merkmal übertreiben. –
T.

[3] Wenn ich einen Anzug mag, kaufe ich ihn vielleicht oder ich trage ihn oft –
ohne Ausrufe oder Gesichterschneiden. – R. Vielleicht betrachte ich ihn nie
lächelnd. – T.

[4] Es zeigt sich auf alle möglichen Arten, daß wir sie bevorzugen. – T.

das, daß die Schneider sie lieber breiter mögen? Nein, nicht notwendigerweise. Er schneidet sie so zu, und dieses Jahr macht er
sie breiter. Vielleicht findet er sie dieses Jahr zu schmal und
macht sie weiter. Vielleicht wird gar kein Ausdruck [des Entzük-
kens – R.] dabei gebraucht[1].

9. Du entwirfst eine Tür, betrachtest sie und sagst: »Höher, höher, höher ..., oh, in Ordnung.«[2] (Geste) Was ist das? Ist das ein
Ausdruck der Zufriedenheit?

10. In Verbindung mit Ästhetik ist vielleicht das, was wir ästhetische Reaktionen nennen könnten, z.B. Unzufriedenheit, Ab-
scheu, Unbehagen, am wichtigsten. Der Ausdruck der Unzufriedenheit ist nicht der gleiche wie der des Unbehagens. Der Ausdruck der Unzufriedenheit sagt: »Setz' es höher ... zu tief! ... Tu
etwas.«

11. Ist der Ausdruck der Unzufriedenheit so etwas wie der Ausdruck des Unbehagens *plus* dem Wissen um den Grund dafür
und dem Wunsch, daß er beseitigt wird? Wenn ich sage: »Diese
Tür ist zu tief. Setze sie höher«, sollten wir dann sagen, daß ich
die Ursache meines Unbehagens kenne?

12. ›Ursache‹ wird auf viele verschiedene Weisen gebraucht, z.B.:
(1) »Was ist die Ursache der Arbeitslosigkeit?« »Was ist die Ursache für diesen Ausdruck?«
(2) »Was ist die Ursache für dein Zusammenzucken?« »Dieses
Geräusch.«
(3) »Was ist die Ursache dafür, daß das Rad sich dreht?«
Du spürst einen Mechanismus auf[3].

13. [*Redpath*: »Das Höhersetzen der Tür beseitigt die Unzufriedenheit.«]
Wittgenstein fragte: »Warum ist das schlecht ausgedrückt?« Es ist
die falsche Form, weil es ›– beseitigt –‹ voraussetzt.

---

[1] Aber der Schneider sagt nicht: ›Das ist hübsch‹. Er ist ein guter Zuschneider.
Er ist einfach zufrieden. – R. Wenn du meinst ›Dieses Jahr schneidet er sie
weiter‹, dann kannst du das sagen. Auf diese Weise sind wir zufrieden, auf die
andere nicht. – T.

[2] ›... *halt*: Gott sei Dank.‹ – R. ›... ja, so ist es richtig.‹ – T.

[3] Ursache: (1) Experiment und Statistik.
          (2) Grund.
          (3) Mechanismus. – T.

14. Zu sagen, daß man die Ursache seiner Unzufriedenheit kennt, kann zweierlei bedeuten:
(1) Ich sage richtig voraus, daß ich zufrieden bin, wenn du die Tür tiefer setzt.
(2) Aber wenn ich tatsächlich sage: »Zu hoch!«, dann ist ›zu hoch‹ in diesem Fall keine Vermutung. Ist ›zu hoch‹ vergleichbar mit ›Ich glaube, ich habe heute zu viele Tomaten gegessen?‹
15. Wenn ich frage: »Wird dein Unbehagen verschwinden, wenn ich sie tiefersetze?«, dann könntest du sagen: »Ich bin *sicher, daß es das wird.«* Wichtig ist, daß ich sage: »Zu hoch!« Es ist eine Reaktion analog zu der, wenn ich meine Hand von der heißen Platte wegziehe – was mein Unbehagen nicht beseitigen muß. Die Reaktion, die diesem Unbehagen eigentümlich ist, besteht darin zu sagen ›zu hoch‹ oder was auch immer.
16. Zu sagen: »Ich fühle mich unbehaglich und ich kenne die Ursache«, führt in die völlig falsche Richtung, weil ›die Ursache kennen‹ normalerweise etwas ganz anderes bedeutet. Wie fehlgeleitet es ist, hängt davon ab, ob »Ich kenne die Ursache« eine Erklärung sein sollte oder nicht. ›Ich fühle mich unbehaglich, und ich kenne die Ursache‹ klingt, als gingen da zwei Dinge in meiner Seele vor – Unbehagen und Kennen der Ursache.
17. In diesen Fällen wird das Wort ›Ursache‹ kaum je gebraucht. Man benutzt ›warum?‹ und ›weil‹, aber nicht ›Ursache‹[1].
18. Wir haben es hier mit einer Art von Unbehagen zu tun, die wir ›gerichtet‹ nennen können, wenn ich z.B. Angst vor dir habe, ist mein Unbehagen auf dich gerichtet[2]. Zu sagen ›Ich kenne die Ursache‹ erinnert an den Fall von Statistik oder an das Aufspüren von einem Mechanismus. Wenn ich sage: »Ich kenne die Ursache«, dann sieht das so aus, als hätte ich meine Gefühle analysiert (so wie ich das Gefühl, meine eigene Stimme zu hören und dabei meine Hände zu reiben, analysiere), was ich natürlich nicht getan habe. Wir haben sozusagen eine *grammatische* Erklärung gegeben [dadurch, daß wir sagten, das Gefühl sei ›gerichtet‹].

---

[1] Warum bist du empört? Weil sie zu hoch hängt. – R.
[2] Was ist der Vorteil von ›Mein Angstgefühl ist auf etwas gerichtet‹ im Gegensatz zu ›Ich kenne die Ursache‹? – R.

19. Für das ästhetische Unbehagen gibt es ein ›Warum‹ und nicht eine ›Ursache‹. Der Ausdruck des Unbehagens nimmt die Form einer Kritik an und bedeutet nicht ›Mein Geist ist unruhig‹ oder so etwas. Er könnte die Form annehmen, daß ich ein Bild betrachte und sage: »Was ist verkehrt daran?«[1]

20. Es ist schön und gut zu sagen: »Können wir diese Analogie nicht loswerden?« Nun, wir können nicht. Wenn wir an Unbehagen denken, drängen sich natürlicherweise Ursache, Schmerz — Ursache des Schmerzes auf.

21. Die Ursache, in dem Sinn des Gegenstandes, auf den er gerichtet ist, ist gleichzeitig die Ursache in anderen Bedeutungen. Wenn du ihn entfernst, verschwindet das Unbehagen und so weiter.

22. Wenn man sagt: »Können wir uns unmittelbar der Ursache bewußt sein?«, dann ist nicht Statistik [(so wie in ›die Ursache für das Ansteigen der Arbeitslosigkeit‹) — R.], sondern das Aufspüren eines Mechanismus das erste, was uns in den Sinn kommt. Wenn etwas durch etwas anderes verursacht worden ist, so ist oft gesagt worden, handelte es sich nur um eine Begleiterscheinung. Ist das nicht seltsam? Sehr seltsam. ›Es ist nur Begleiterscheinung‹ zeigt, daß du glaubst, es könnte etwas anderes sein[2]. Es könnte ein Erfahrungssatz sein, aber dann wüßte ich nicht, was das ist. Das zu sagen zeigt, daß du von etwas anderem weißt, nämlich Verbindung. Was wird bestritten, wenn man sagt: »Es gibt keine notwendige Verbindung«?

---

[1] Wenn ich ein Bild betrachte und sage: ›Was ist verkehrt daran?‹, dann ist es besser zu sagen, mein Gefühl sei auf etwas gerichtet, als zu sagen, mein Gefühl habe eine Ursache, die ich nicht kenne. Sonst würden wir eine Analogie mit ›Schmerz‹ und ›Ursache des Schmerzes‹ vorschlagen, nämlich, was du gegessen hast. Das ist falsch oder irreführend, denn obwohl wir das Wort ›Ursache‹ im Sinne von »worauf es gerichtet ist« verwenden (›Was hat dich veranlaßt zusammenzuzucken?‹ – ›Ihn in der Tür auftauchen zu sehen.‹), verwenden wir es auch in anderen Bedeutungen. – R.

[2] Wenn du sagst: ›Von der Ursache einer Entwicklung zu sprechen, bedeutet nur von den Begleiterscheinungen zu sprechen‹ – ›Ursache ist nur eine Frage der Begleiterscheinungen‹ – dann gibst du dadurch, daß du ›nur‹ sagst, zu, daß es etwas anderes sein *könnte*. Es bedeutet, daß du auch etwas völlig anderes kennst. – R.

23. In der Philosophie sagt man ununterbrochen so etwas wie: »Die Menschen sagen, es gebe einen Super-Mechanismus, aber den gibt es nicht.« Aber es weiß gar keiner, was Super-Mechanismus ist.

24. (Die Vorstellung eines Super-Mechanismus kommt gar nicht wirklich auf. Was aufkommt, ist die Vorstellung eines Mechanismus.)

25. Wir haben die Vorstellung eines Super-Mechanismus, wenn wir über logische Notwendigkeit reden. Z.B. war es ein Ideal der Physik zu versuchen, die Dinge auf Mechanismen zu reduzieren: etwas stößt mit etwas anderem zusammen[1].

26. Wir sagen, daß Menschen einen Mann zum Tode verurteilen und auch, daß das Gesetz ihn zum Tode verurteilt. »Während ihn die Geschworenen begnadigen [freilassen?] können, kann es das Gesetz nicht.« (Das könnte bedeuten, daß das Gesetz keine Bestechungen annehmen kann etc.) Die Vorstellung von etwas Super-Striktem, etwas, das strikter ist als jeder Richter[2], Super-Beharrlichkeit. Der Punkt ist der, daß du geneigt bist zu fragen: »Können wir uns etwas Beharrlicheres vorstellen?« Kaum. Aber wir neigen dazu, uns in Form von Superlativen auszudrücken.

27.

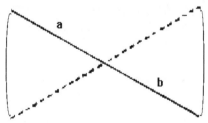

Vgl. einen Hebelstützpunkt. Die Vorstellung einer Superhärte. »Der geometrische Hebel ist härter als jeder Hebel sein kann. Er kann nicht gebogen werden.« Hier haben wir den Fall von logischer Notwendigkeit. Logik ist ein aus unendlich hartem Materi-

---

[1] Du möchtest sagen: ›Sicherlich gibt es eine Verbindung.‹ Aber worin besteht diese Verbindung? Nun, Hebel, Ketten, Zahnräder. Das sind Verbindungen, und hier finden wir sie vor, aber was wir erklären sollten, ist ›super‹. – R.

[2] Etwas, das nicht beeinflußt werden kann. – R.

al hergestellter Mechanismus. Logik kann man nicht biegen[1].
(Nun, sie kann es auch nicht.) So gelangen wir zu einem Super-
Etwas. So entstanden gewisse Superlative, so wurden sie ge-
braucht, z.b. das Unendliche.

28. Die Menschen würden sagen, daß es selbst in dem Fall, wo
ein Mechanismus aufgespürt wird, eine Begleiterscheinung geben
muß. Aber muß es das? Ich folge nur dem Seil bis zu der Person
am anderen Ende.

29. Angenommen, es gäbe einen Super-Mechanismus in dem
Sinn, daß ein Mechanismus innerhalb des Seiles vorhanden wäre.
Selbst wenn es einen solchen Mechanismus gäbe, er würde nichts
nützen. Du erkennst das Aufspüren eines Mechanismus als das
Aufspüren einer eigentümlichen Art von kausaler Reaktion.

30. Man möchte die Vorstellung von Verbindung insgesamt loswerden. »Es gibt nur gemeinsames Vorkommen.« Dann gibt es
dazu nichts mehr zu sagen[2]. Du müßtest erklären, was der Fall
sein müßte, damit du nicht von Zugehörigkeit sprichst. »Einen
Mechanismus aufspüren bedeutet, Zugehörigkeit finden. Am Ende kann alles auf Zugehörigkeit reduziert werden.« Es könnte be-
wiesen werden, daß die Menschen niemals einen Mechanismus
aufgedeckt haben, es sei denn, sie hätten sehr viel Erfahrung einer bestimmten Art gehabt. Das könnte so ausgedrückt werden:
»Alles reduziert sich auf Begleiterscheinung.«

---

[1] Angenommen, wir behandeln die Kinematik. Man gebe die Entfernung eines
Punktes auf dem Hebel vom Drehpunkt an und berechne die Länge des von
ihm beschriebenen Bogens.
Aber wir sagen dann: ›Wenn der Hebel aus Metall besteht, dann wird er sich
ein wenig biegen, wie hart das Metall auch sein mag, und der Drehpunkt wird
nicht genau an dieser Stelle liegen.‹ Und so entsteht die Vorstellung von Super-Beharrlichkeit: die Vorstellung eines *geometrischen* Hebels, der *nicht* gebogen werden kann. Hier haben wir es mit der Vorstellung von logischer Notwendigkeit zu tun: ein Mechanismus aus unendlich hartem Material. – R.
Wenn jemand sagt: ›Du darfst nicht glauben, daß die Logik aus unendlich hartem Material besteht‹, so solltest du fragen: ›Was darf ich nicht glauben?‹ – T.

[2] Das, was wir ›Erkärung‹ nennen, ist eine Form von *Verbindung.* Und wir
möchten die Verbindung insgesamt loswerden. Wir möchten den Begriff des
Mechanismus loswerden und sagen: ›Es ist alles gemeinsames Erscheinen.‹
Wieso ›alles‹? – R.

31. Vgl. »Die Physik erklärt nichts. Sie beschreibt nur Fälle von Begleiterscheinung.«

32. Du könntest mit ›Es gibt keinen Super-Mechanismus‹ meinen: ›Stelle dir beim Hebel keine Mechanismen zwischen den Atomen vor. Es gibt da keine Mechanismen‹[1]. (Du betrachtest das Atommodell als selbstverständlich[2]. Was bedeutet das? Wir sind so sehr an das Bild gewöhnt, als hätten wir selbst alle Atome gesehen. Jedes aufgeweckte achtjährige Kind weiß, daß die Dinge aus Atomen bestehen. Wir würden es für einen Mangel an Bildung halten, wenn sich jemand einen Stab nicht aus Atomen bestehend vorstellte.)

33. (Man kann den Mechanismus als eine Menge von sich begleitenden kausalen Phänomenen betrachten. Natürlich tut man das nicht.) Man sagt:»Nun, dies bewegt das, dies jenes, dies das und so weiter.«

34. Das Aufspüren eines Mechanismus ist ein Weg, eine Ursache zu finden; wir sprechen in diesem Fall von ›der Ursache‹. Aber wenn es regelmäßig Fälle gäbe, wo Räder aus Butter bestehen und wie Stahl aussehen, würden wir sagen:»Dies (›dieses Rad‹) ist keineswegs die einzige Ursache. Es sieht vielleicht nur aus wie ein Mechanismus.«[3]

35. Die Leute sagen oft, Ästhetik sei ein Zweig der Psychologie. Es besteht die Vorstellung, daß wir einmal alles — all die Mysterien der Kunst — durch psychologische Experimente verstehen werden, wenn wir etwas weiter fortgeschritten sind. So ausgespro-

---

[1] Man reduziert den tatsächlichen Mechanismus auf einen komplizierteren atomaren Mechanismus, aber fährt nicht fort. — T.

[2] Wir könnten einen primitiven Mechanismus haben. Dann könnten wir die Vorstellung haben, daß alles aus Teilchen, Atomen usw. geformt ist, und es könnte sein, daß wir sagen wollen: ›Stelle dir nicht weitere Atome zwischen diesen Atomen vor.‹ Wir nehmen das Atommodell als selbstverständlich hin, was eine merkwürdige Sache ist. Wenn wir sagen müßten, was ein Super-Mechanismus sei, würden wir vielleicht sagen, es sei einer, der nicht aus Atomen besteht: Teile des Mechanismus seien einfach fest. — R.

[3] Wir neigen fortwährend dazu, Dinge auf andere Dinge zurückzuführen. Wenn wir herausfinden, daß etwas manchmal nur Begleiterscheinung ist, sind wir so aufgeregt, daß wir sagen möchten, alles sei in *Wirklichkeit* Begleiterscheinung. — T.

chen dumm die Vorstellung auch ist, das ist es ungefähr, was die Leute glauben.

36. Ästhetische Fragen haben nichts mit psychologischen Experimenten zu tun, sondern werden auf ganz andere Weise beantwortet[1].

37. »Was habe ich im Sinn, wenn ich dies und das sage?«[2] Ich schreibe einen Satz auf. Ein Wort paßt nicht ganz. Ich finde das richtige Wort. »Was wollte ich sagen? Ach ja, das wollte ich sagen.« Die Antwort ist in diesen Fällen die, die dich befriedigt. Z.B. sagt jemand (wie es oft in der Philosophie geschieht): »Ich sage dir, was ich im Grunde denke: ...«

»Oh ja, das ist gut.«

Das Kriterium dafür, daß es dies ist, was in deinen Gedanken war, ist, daß du mir zustimmst, wenn ich es dir sage. Das nennen wir nicht ein psychologisches Experiment. Ein Beispiel eines psychologischen Experiments wäre: du stellst zwölf Versuchspersonen dieselbe Frage, und sie antworten so und so, d.h. das Resultat ist Statistik[3].

38. Man könnte sagen: »Eine ästhetische Erklärung ist keine kausale Erklärung.«[4]

39. Vgl. Freud: *Der Witz und seine Beziehung zum Unbewußten.* Freud schrieb über Witze. Man könnte die Erklärungen, die Freud gab, kausale Erklärungen nennen. »Wenn es nicht kausal ist, woher weißt du dann, daß es richtig ist?« Du sagst: »Ja, so ist es.«[5] Freud verwandelt den Witz in eine andere Form, die von uns als Ausdruck einer Kette von Vorstellungen erkannt wird, die von einem Ende des Witzes zum anderen führt. Ein gänzlich

---

[1] Ich möchte klarmachen, daß die wichtigen Fragen der Ästhetik nicht durch psychologische Untersuchungen entschieden werden. – T.
Diese Probleme werden in anderer Weise geklärt – eher in der Art: ›Was ist in meinen Gedanken, wenn ich dies und das sage?‹ – R.

[2] Vergleiche: ›Was die Menschen wirklichen sagen wollen ist so und so.‹ - R.

[3] Ist das eine Beschränkung des Sinnes von Psychologischem Experiment? – T.

[4] Es stimmt, daß ›Psychologie‹ auf verschiedene Weise gebraucht wird. Wir könnten sagen, daß die ästhetische Erklärung keine kausale Erklärung ist; oder daß sie eine kausale Erklärung von dieser Art ist: Daß die Person, die mit dir übereinstimmt, die Ursache sofort erkennt. – R.

[5] Alles, was wir sagen können, ist, daß du sagst: ›Ja, genau das passiert‹, wenn es dir vorgeführt wird. – R.

neuer Zugang zu richtigen Erklärungen. Keiner, der mit der Erfahrung übereinstimmt, aber einer, der akzeptiert wird. Man muß die Erklärung geben, die akzeptiert wird. Das ist der ganze Witz der Erklärung.

40. Vgl. »Warum sage ich ›Höher!‹?« mit »Warum sage ich ›Ich habe Schmerzen‹?«[1]

III

1. Einer fragt etwas wie ›Woran erinnert mich das?‹ oder Einer sagt über ein Musikstück: »Das ist wie ein Satz, aber welchem Satz gleicht es?«[2] Verschiedenes wird vorgeschlagen; etwas macht, wie man sagt, Klick. Was bedeutet, es ›klickt‹? Passiert etwas, was du mit dem Geräusch eines Klicks vergleichen kannst? Klingt eine Glocke oder etwas Vergleichbares?[3] 2. Es scheint, als bräuchtest du irgendein Kriterium, nämlich das Klicken, um zu wissen, daß das richtige geschehen ist.[4]

3. Der Vergleich ist, daß irgendein anderes bestimmtes Phänomen eintritt als das, daß ich sage: »Das ist richtig.« Du sagst:

---

[1] Die Unruhe bei der Frage ›Warum?‹ ähnelt in diesem Fall der Unruhe bei der Frage ›Warum‹ in dem Fall, wo du nach einem Mechanismus suchst. ›Erklärung‹ ist hier auf einer Ebene mit Äußerung. In mancher Beziehung auf einer Ebene. Vgl. die beiden Spiele mit ›Er hat Schmerzen‹. – T.

Die ›Erklärung‹ ist hier auf der gleichen Ebene wie eine Äußerung, wobei die Äußerung (wenn du sagst, daß du Schmerzen hast, zum Beispiel) das einzige Kriterium ist. Die Erklärung ist hier wie eine Äußerung, die von einer anderen Person beigesteuert wird – wie ihm lehren zu weinen. (Dies nimmt der Tatsache, daß der ganze Punkt einer Erkärung darin besteht, akzeptiert zu werden, das Überraschende. Es gibt entsprechende Äußerungen, die wie diese Erklärungen aussehen, genau wie es Äußerungen gibt, die wie Behauptungen aussehen.) – R.

[2] Es gibt vielleicht eine ›Erklärung‹ in der Form einer Antwort auf eine Frage wie: ›Woran erinnert mich das?‹. In einem Musikstück gibt es vielleicht ein Thema, von dem ich sage... – R.

[3] Klickt es in irgendeinem Sinn? So daß du zum Beispiel sagst: ›Nun hat es dieses Geräusch gegeben.‹? Natürlich nicht. Womit vergleichen wir das Klicken? ›Mit einem Gefühl‹ ›Du hast also etwas gefühlt?‹ Gibt es ein Zeichen dafür, daß es aufgetaucht ist? – R.

[4] Gibt es ein notwendiges Kriterium dafür? – T.

»Die Erklärung ist richtig, welche Klick macht.« Angenommen, jemand sagt: »Das Tempo dieses Liedes ist richtig, wenn ich klar dies und das höre.«[1] Ich habe auf ein Phänomen gezeigt, das mich befriedigt, wenn es eintritt.

4. Du könntest sagen, das Klicken ist mein Befriedigt-Sein. Betrachte einen Zeiger, der sich von einem anderen Zeiger weg bewegt. Du bist befriedigt, *wenn* die beiden Zeiger sich gegenüber stehen[2]. Und du hättest das vorhersagen können.[3]

5. Wir benutzen immer und immer wieder dieses Bild des Klikkens oder Passens, wo es in Wirklichkeit nichts gibt, was klickt oder was irgendwo hineinpaßt.

6. Ich würde gern über die Art von Erklärung sprechen, nach der man sich sehnt, wenn man über einen ästhetischen Eindruck spricht.

7. Die Menschen haben immer noch die Vorstellung, daß die Psychologie eines Tages alle unsere ästhetischen Urteile erklären wird, und sie meinen damit die experimentelle Psychologie. Das ist sehr komisch — tatsächlich sehr komisch. Zwischen dem, was Psychologen tun und irgendeinem Urteil über ein Kunstwerk scheint es gar keine Verbindung zu geben. Wir könnten untersuchen, was wir eine Erklärung eines ästhetischen Urteils nennen würden.

8. Gesetzt den Fall, man würde herausfinden, daß alle unsere Urteile von unserem Gehirn ausgehen. Wir entdeckten bestimmte Arten von Mechanismen im Gehirn, formulierten allgemeine Gesetze etc. Einer könnte zeigen, daß diese Notensequenz diese bestimmte Reaktion erzeugt; sie bringt einen Menschen dazu zu lächeln und »Oh, wie wundervoll«[4] zu sagen. (Ein Mechanismus für die englische Sprache etc.)[5] Denke dir, das wäre geschehen, es

---

[1] Wenn es langsam gesungen wird... — R. ... eine Idee schneller gespielt wird... — T.

[2] (Etwas, das sich auf einem Kreis bewegt, klickt, wenn es in das Loch fällt.) — T.

[3] Aber warum nicht sagen, daß das Klicken darin besteht, daß ich befriedigt bin? Es scheint dagegen so auszusehen, als wäre das Klicken etwas anderes, etwas, auf das ich warte, und wenn es kommt, dann bin ich befriedigt. In bestimmten Fällen *könntest* du auf ein solches Phänomen zeigen. — R.

[4] Wenn man den Mechanismus der Moleküle kennen würde und dazu die Sequenz der Noten in der Musik, dann könnten wir zeigen, daß... — R.

[5] Daß er englisch und nicht französisch spricht, würde sich ebenfalls durch die

könnte uns in die Lage versetzen, vorherzusagen, was einer bestimmte Person gefallen und was ihr nicht gefallen wird. Wir könnten das ausrechnen. Die Frage ist, ob es diese Art von Erklärung ist, die wir gerne hätten, wenn uns ästhetische Eindrücke verwirren. Z.B. gibt es das Rätsel — »Warum macht diese Melodie einen so eigenartigen Eindruck auf mich?« Offenbar ist es nicht eine Berechnung, nicht eine Darstellung der Reaktionen usw., was wir wollen — ganz abgesehen von der offenbaren Unmöglichkeit der Sache.

9. Soweit man sehen kann, ist das Rätsel, über das ich rede, nur mit eigentümlichen Arten von Vergleichen zu lösen, z.b. durch eine Anordnung bestimmter musikalischer Figuren und dem Vergleich der Wirkungen, die sie auf uns machen.[1] »Wenn wir diesen Akkord nehmen, hat das nicht diese Wirkung, nehmen wir jenen Akkord, dann ja.« Du könntest von einen Satz sagen: »Dieser Satz klingt irgendwie seltsam«. Du könntest zeigen, was seltsam ist. Was wäre nun das Kriterium dafür, daß du auf das richtige gezeigt hast? Angenommen, ein Gedicht klingt altmodisch, was wäre das Kriterium dafür, daß du herausgefunden hast, was daran altmodisch klingt? Ein Kriterium wäre, daß du befriedigt bist, wenn auf etwas hingewiesen wird. Und ein anders Kriterium: »Niemand würde das Wort heute verwenden.«[2] Hier könntest du ein Lexikon zu Rate ziehen oder andere Leute befragen etc.[3] Ich *könnte* auf etwas falsches hinweisen und du wärest dennoch befriedigt.

10. Denke dir, jemand hört synkopische Musik von Brahms und fragt: »Was ist das für ein seltsamer Rhythmus, der mich zum Schwanken bringt?«[4] »Es ist der Dreivierteltakt.« Man würde bestimmte Phrasen vorspielen, und er würde sagen: »Ja, diesen ei-

---

Tatsache erklären, daß etwas in seinem Gehirn enthalten ist: wir könnten die Unterschiede sehen. — R.

[1] Wenn die aufgeschriebenen oder vorgespielten Noten ausgebreitet werden, dann sagst du... — T.

[2] >Es ist dieses Wort, verstehst du? Niemand würde heute... sagen.< — R.

[3] Angenommen, du fragtest: >Was klingt an diesem Satz amerikanisch?< Aber du könntest herausfinden, ob dieses Wort ein Amerikanismus ist oder nicht, andere Leute könnten es zum Beispiel bestätigen. — R.

[4] Schwach macht. — R.

genartigen Rhythmus meinte ich.« Wenn er aber auf der anderen
Seite nicht zustimmt, dann wäre das keine Erklärung.

11. Die Erklärung, nach der man sucht, wenn ein ästhetischer
Eindruck verwirrt, ist keine kausale, keine die durch Erfahrung
bekräftigt wird oder durch Statistik darüber, wie Leute sich verhalten[1]. Das komische [charakteristische — R.] an psychologischen Experimenten ist, daß sie mit mehreren Versuchspersonen
angestellt werden müssen. Die Übereinstimmung von Smith,
Jones und Robinson erlaubt es, eine Erklärung zu geben, Erklärung in dem Sinne, daß man z.B. ein Musikstück in einem psychologischen Untersuchungsraum ausprobiert und das Resultat
erhält, daß die Musik in der und der Weise bei der und der Dro-
ge wirkt[2]. Das meint man nicht, darauf zielt man nicht ab, wenn
man Untersuchungen über Ästhetik anstellt.

12. Das ist verknüpft mit dem Unterschied zwischen Ursache
und Motiv. Im Gerichtssaal wirst du nach dem Motiv deiner
Handlung befragt, und es wird angenommen, daß du es kennst.
Wenn du nicht gerade lügst, wird erwartet, daß du in der Lage
bist, das Motiv für deine Handlung anzugeben. Man erwartet
nicht, daß du die Gesetze kennst, die deinen Körper und Geist
steuern. Warum erwarten sie, daß du es weißt? Weil du soviel
Erfahrung mit dir selbst hast? Die Menschen sagen manchmal:
»Keiner kann in dich hineinsehen, aber du kannst selbst in dich
hineinsehen«, als bedeutete die Nähe zu dir selbst, daß du du
selbst bist, daß du deinen eigenen Mechanismus kennst[3]. Aber
ist es so? »Ganz bestimmt muß er wissen, warum er das tat oder
warum er dies und das gesagt hat.«

13. In einem Fall gibst du den Grund für eine Handlung an[4].
»Warum hast du unter die Zeile 6249 geschrieben?« Du sagst,

---

[1] Du kannst nicht durch pschychologische Experimente zu der Erklärung gelangen. — R.

[2] Oder auf Menschen einer bestimmten Rasse. — R.

[3] Offenbar hat das nichts damit zu tun, daß du dich so oft beobachtet hast.
(Wir scheinen oft zu unterstellen, daß du sehen konntest, was geschah, weil du
dir so nah bist. Das bedeutet dasselbe, wie deinen eigenen Mechanismus zu
kennen.) — R.

[4] Es gibt hier etwas, das mit der Kenntnis eines Mechanismus verglichen werden
kann. ›Gewiß muß er wissen, warum er es getan hat oder warum er das und

daß du eine Multiplikation ausgeführt hast. »Ich kam dazu durch diese Multiplikation.« Das ist vergleichbar mit der Angabe eines Mechanismus. Man könnte das die Angabe des Motivs für das Aufschreiben der Ziffern nennen. Es bedeutet, ich habe diesen bestimmten Prozeß der Überlegung durchgemacht[1]. Hier bedeutet ›Wie hast du das gemacht?‹ ›Wie bist du dahin gelangt?‹ Du gibst einen Grund an, den Weg, den du gegangen bist.

14. Wenn er uns einen eigenartigen Prozeß beschreibt, durch den er zu dem Ergebnis gelangt ist, neigen wir dazu zu sagen: »Nur er kennt den Weg, der zu dem Ergebnis führte.«

15. Einen Grund anzugeben bedeutet manchmal ›Diesen Weg bin ich tatsächlich gegangen‹, manchmal ›Diesen Weg hätte ich gehen können‹, d.h. manchmal ist das, was wir sagen, eine Rechtfertigung, nicht ein Bericht über das, was wir getan haben. Z.B. *erinnere* ich mich an die Antwort auf eine Frage; wenn ich gefragt werde, gebe ich diese Antwort. Ich gab dann einen Weg, der zur Antwort führte, an, obwohl ich ihn nicht gegangen bin[2].

16. »Warum hast du das getan?« Antwort: »Ich sagte mir so und so...« In vielen Fällen ist es gerade das Motiv, das wir angeben, wenn wir gefragt werden[3].

17. Wenn du fragst: »Warum hast du das getan?«, gibt dir eine enorm große Zahl von Leuten eine apodiktische Antwort und ist darin unerschütterlich. Und in einer enorm großen Zahl von Fällen akzeptieren wir die gegebene Antwort. Es gibt andere Fälle, wo die Leute sagen, sie hätten das Motiv vergessen. In anderen

---

das gesagt hat.‹ Aber woher weißt du, warum du es getan hast? Es gibt eine Art von Fall, wo die Antwort darin besteht, den *Grund* anzugeben: du führst eine Multiplikation aus und ich frage... – R.

[1] Wo ich in diesem Sinn einen Grund angebe... – R.

[2] Wir können den Prozeß beschreiben, der zuvor dahin geführt hat. Oder es kann etwas sein, von dem wir jetzt denken, daß es die Antwort rechtfertigen würde. – R.
(Das ist keine natürliche Verwendung von ›Motiv‹.) Du könntest sagen: ›Er weiß, was er tut, kein anderer weiß es.‹ – T.

[3] ›Grund‹ bedeutet darum nicht immer das gleiche. Und das gilt auch für ›Motiv‹. ›Warum hast du das getan?‹ Man antwortet manchmal: ›Nun, ich sagte mir: »Ich muß ihn besuchen, weil er krank ist.«‹ – wobei man sich tatsächlich daran erinnert, sich das gesagt zu haben. In vielen Fällen dagegen ist das Motiv die Begründung, die wir geben, wenn wir gefragt werden – einfach so. – R.

Fällen ist man selbst, unmittelbar nachdem man etwas getan hat,
verwirrt und man fragt sich: »Warum habe ich das getan?«[1]
Wenn Taylor in diesem Zustand ist und ich sage: »Schau, Taylor.
Die Moleküle im Sofa ziehen die Moleküle in deinem Gehirn
von... – und darum...«

18. Angenommen, Taylor und ich gehen am Fluß spazieren und
Taylor streckt seine Hand aus und stößt mich ins Wasser. Wenn
ich ihn frage, warum er das getan hat, sagt er: »Ich wollte dir etwas zeigen«, dagegen sagt der Psychoanalytiker, daß Taylor mich
unbewußt haßt[2]. Angenommen z.B., es passierte häufiger, daß
zwei Menschen am Fluß spazieren gehen:
(1) sie unterhalten sich freundschaftlich;
(2) der eine zeigt offensichtlich auf etwas und stößt den anderen
in den Fluß;
(3) die gestoßene Person hat Ähnlichkeit mit dem Vater des anderen.
Wir haben hier zwei Erklärungen:
(1) Er haßte unbewußt den anderen Mann.
(2) Er zeigte auf etwas.

19. Beide Erklärungen können richtig sein. Wann würden wir
sagen, daß Taylors Erklärung richtig ist? Wenn er nie unfreundli-
che Gefühle gezeigt hat, wenn ein Kirchturm und ich beide in
seinem Gesichtsfeld waren und wenn Taylor als wahrheitsliebend
gilt. Aber unter den gleichen Umständen kann auch die Erklärung des Psychoanalytikers richtig sein[3]. Es gibt hier zwei Motive
– bewußt und unbewußt. Die Spiele, die mit diesen Motiven
gespielt werden, sind gänzlich verschieden[4]. Die Erklärungen
könnten in gewissem Sinn widersprüchlich sein und doch beide
richtig. (Liebe und Haß.)[5]

---

[1] Aber ist es klar, warum man verwirrt sein sollte? – R.
[2] Das wird durch vieles bestätigt. Gleichzeitig hat der Psychoanalytiker eine an-
    dere Erklärung. – T. Wir könnten einen Beweis dafür haben, daß die Erklärung
    des Psychoanalytikers korrekt ist. – T.
[3] Er haßte mich, weil ich ihn an etwas erinnerte. Die Aussage des Psychoanalyti-
    kers wird damit bekräftigt. *Bekräftigt* wodurch? – R.
[4] Mit der Behauptung des bewußten Motiv wird etwas ganz anderes erreicht als
    mit der Behauptung des unbewußten Motivs. – R.
[5] Eine könnte Liebe, die andere Haß sein. – R.

20. Dies steht in Verbindung mit etwas, was Freud tut. Freud tut etwas, was mir ungeheuer falsch vorkommt. Er nimmt das vor, was er Traumdeutungen nennt. In seinem Buch *Die Traumdeutung* beschreibt er einen Traum, den er einen ›schönen Traum‹ nennt [›Ein schöner Traum‹ – R][1]. Eine Patientin, die angibt, einen schönen Traum gehabt zu haben, beschreibt, wie sie in dem Traum von einer Höhe herabglitt, Blumen und Sträucher sah, wie sie den Ast eines Baumes abbrach usw. Freud deckt nun das, was er die ›Bedeutung‹ des Traums nennt, auf. Das gröbste sexuelle Zeug, Verdorbenheit der schlimmsten Art – wenn man es so nennen will – verdorben von A bis Z. Wir wissen, was wir mit verdorben meinen. Eine Bemerkung scheint dem Uneingeweihten harmlos zu sein, aber die Eingeweihten, sagen wir, kichern, wenn sie sie hören. Freud sagt, daß der Traum verdorben ist. *Ist* er verdorben? Er zeigt Beziehungen zwischen den Traumgegenständen und bestimmten Gegenständen sexueller Art. Die Beziehung, die er herstellt, ist ungefähr die: Durch eine Kette von Assoziationen, die unter gewissen Umständen natürlich erscheint, führt dies zu dem etc.[2] Beweist das, daß der Traum verdorben war? Offenbar nicht. Wenn jemand verdorben redet, dann tut er nicht etwas, was ihm selbst harmlos erscheint, bis er psychoanalysiert wird[3]. Freud nannte den Traum ›schön‹, er setzte ›schön‹ in Anführungszeichen. Aber *war* der Traum nicht schön? Ich würde der Patientin sagen: »Machen die Assoziationen den Traum weniger schön? Er war schön[4]. Warum sollte er das nicht sein?« Ich würde sagen, Freud hat die Patientin betrogen. Vgl. Gerüche von unzumutbar stinkenden Gegenständen. Könnten wir darum sagen: »Der ›beste‹ Geruch ist in Wirklich-

---

[1] Freuds ›Ein schöner Traum‹ (*Die Traumdeutung*, Frankfurt: Fischer Bücherei, 1961, S. 240) enthält nicht die Merkmale des hier beschriebenen ›schönen Traums‹. Aber der Traum, der sie enthält (der ›Blumentraum‹ – S. 289) wird tatsächlich als ›schön‹ beschrieben: ›Der schöne Traum wollte der Träumerin nach der Deutung gar nicht mehr gefallen.‹ – Hrsg.

[2] Von der Blume hierher, von dem Baum dahin, usw. – R.

[3] Man sagt nicht, daß jemand verdorben redet, wenn seine Absicht unschuldig ist. – T.

[4] Er war, was schön genannt wird. – T.

keit der von Schwefelsäure?«[1] Warum hat Freud diese Erklärung
überhaupt gegeben? Man könnte zweierlei antworten:
(1) Er möchte alles Angenehme in einer bösen Weise erklären,
fast als wäre er vom Verdorbenen angetan. Das ist offenbar nicht
der Fall.
(2) Die Verbindungen, die er aufzeigt, sind für die Menschen ungeheuer interessant. Sie haben Reiz. Es ist reizvoll[2], Vorurteile zu
zerstören.
21. Vgl. »Wenn wir Redpath bei 200° C. kochen, dann bleibt
nur etwas Asche übrig, wenn sich der Wasserdampf verzogen hat
usw.[3] Das ist alles, woraus Redpath in Wirklichkeit besteht.« Das
zu behaupten, hat einen gewissen Reiz, aber es würde in die falsche Richtung führen, um das mindeste zu sagen.
22. Die Anziehungskraft gewisser Arten von Erklärung ist über-
wältigend. Zu gewissen Zeiten ist die Anziehungskraft einer bestimmten Art von Erklärung größer, als man sich vorstellen
kann[4]. Besonders eine Erklärung der Art ›Das ist in Wirklichkeit
nur dies.‹
23. Es gibt eine große Versuchung zu sagen: »Wir können um
die Tatsache nicht herum kommen, daß dieser Traum in Wirklichkeit dies und das bedeutet.«[5] Gerade die Tatsache, daß eine
Erklärung extrem abstoßend ist, kann es sein, die dich dazu
bringt, sie anzunehmen.
24. Wenn jemand sagt: »Warum sagst du, es sei in Wirklichkeit
so? Es ist ganz offenbar überhaupt nicht so«, dann ist es tatsächlich sogar schwierig, das als etwas anderes zu sehen.
25. Hier taucht das sehr interessante psychologische Phänomen
auf, daß die häßliche Erklärung dich dazu bringt zu sagen, daß

---

[1] Wenn es eine Verbindung zwischen Buttersäure, die stinkt, und dem besten
     Parfüm gibt, könnten wir darum ›das beste Parfüm‹ in Anführungszeichen set-
     zen? – T.
[2] Für einige Menschen. – R.
[3] ›Wenn wir diesen Mann auf 200 Grad Celsius erhitzen und das Wasser ver-
     dampft...‹ – R.
[4] Wenn du nicht gerade das richtige Beispiel vor Augen hast. – T.
[5] Wenn wir die Verbindung zwischen etwas wie diesem schönen Traum und et-
     was Häßlichem sehen... – R.

du diese Gedanken wirklich hattest, obwohl du sie in jedem gewöhnlichen Sinn nicht hattest.

(1) Es gibt ein Verfahren [›freier Einfall‹ — R.], in dem gewisse Teile des Traums mit gewissen Gegenständen verbunden werden. (2) Es gibt den Prozeß ›Also das habe ich gemeint‹. Das ist ein Irrgarten, in dem die Menschen sich verlaufen[1].

26. Angenommen, du wirst analysiert, weil du stotterst. (1) Man kann sagen, daß die Erklärung [Analyse — R.] richtig ist, die das Stottern beseitigt. (2) Wenn das Stottern nicht aufhört, könnte das Kriterium sein, daß die analysierte Person sagt: »Diese Erklärung ist richtig«[2] oder zustimmt, daß die gegebene Erklärung richtig ist. (3) Ein anderes Kriterium ist, daß nach gewissen Erfahrungsregeln[3] die gegebene Erklärung richtig ist, egal, ob derjenige, dem sie gegeben wird, sie annimmt oder nicht[4]. Viele dieser Erklärungen werden akzeptiert, weil sie einen eigenartigen Reiz haben. Das Bild von Menschen mit unbewußten Gedanken ist reizvoll. Die Vorstellung einer Unterwelt, eines Geheimkellers. Etwas Verstecktes, Unheimliches. Vgl. die beiden Kinder bei Keller, die eine lebende Fliege in den Kopf einer Puppe stecken, die Puppe beerdigen und dann fortlaufen[5]. (Warum tun wir so etwas? Wir tun so etwas.) Man ist bereit, eine Menge zu glauben, weil es unheimlich ist.

27. Eine der wichtigsten Eigenschaften einer Erklärung [in der Physik R., T.] ist, daß sie funktionieren muß, sie muß uns in die Lage versetzen, etwas [erfolgreich — T.] vorherzusagen. Die Physik ist mit den Ingenieurswissenschaften verbunden. Die Brücke darf nicht einstürzen.

---

[1] Diese beiden Prozesse müssen nicht zusammen auftauchen. Der eine kann funktionieren, während es der andere nicht tut und umgekehrt. — R.

[2] ›O ja, das habe ich gemeint.‹ — R. Oder du sagst, daß die Analogie richtig ist, der die analysierte Person zustimmt. -T.

[3] Der Erklärung solcher Phänomene. - R.

[4] Oder du kannst sagen, die richtige Analogie ist die, die akzeptiert wird. Die normalerweise gegebene. — T.

[5] Gottfried Keller (1819 — 1890). Schweizer Dichter, Romancier und Verfasser von Kurzgeschichten. Der Vorfall, auf den Wittgenstein sich bezieht, findet sich in *Romeo und Julia auf dem Dorfe*, Werke V-VI, Berlin, 1889, S. 84. — Hrsg.

28. Freud sagt: »Es gibt verschiedene Instanzen (vgl. Gesetz) im Geist.«[1] Viele der Erklärungen (der Psychoanalyse) sind nicht, wie die Erklärungen der Physik, aus der Erfahrung entstanden[2]. Die *Einstellung*, die sie ausdrücken ist wichtig. Sie vermitteln uns ein Bild von einem sonderbaren Reiz[3].

29. Freud hat sehr vernünftige Gründe für das, was er sagt, große Vorstellungskraft und kolossale Vorurteile, Vorurteile, die die Menschen höchstwahrscheinlich in die Irre führen[4].

30. Stelle dir vor, jemand wie Freud unterstreicht die Wichtigkeit von sexuellen Motiven ganz enorm:

(1)   Sexuelle Motive sind ungeheuer wichtig.

2)   Die Menschen haben oft einen guten Grund, ein sexuelles Motiv zu verbergen[5].

31. Ist das nicht auch ein guter Grund, den Sex als Motiv für alles *zuzulassen*, zu sagen: »Er ist in Wirklichkeit die Grundlage für alles?« Ist es nicht klar, daß eine bestimmte Art des Erklärens dich dazu bringt, etwas zuzugeben? Wenn ich Redpath fünfzig Fälle vorführe, in denen er ein bestimmtes Motiv erkennt und zwanzig Fälle, wo dieses Motiv ein wichtiges Verbindungsstück ist, dann könnte ich ihn dazu bringen zuzugeben, daß das Motiv hinter allen Fällen steht[6].

32. Vgl. den Aufruhr um Darwin. Ein Kreis von Bewunderern, der sagt: »Natürlich«; ein anderer Kreis [von Feinden − R.], der ssagt: »Natürlich nicht«[7]. Warum zur Hölle sollte jemand sagen

---

[1] Wenn wir betrachten, was Freud als Erklärung sagt − nicht in seinem klinischen Vorgehen, sondern zum Beispiel, was wir über die verschiedenen ›Instanzen‹ (›Instanzen‹ in dem Sinn, in dem wir von höheren Instanzen bei Gericht sprechen) des Geistes sagen. − R.

[2] Eine Erklärung oft in einem anderen Sinn. Ihre Anziehungskraft ist wichtig, wichtiger als im Fall der Erklärung in der Physik. − T.

[3] Das hilft uns nicht, irgend etwas *vorherzusagen*, aber es hat einen sonderbaren Reiz. − R.

[4] Die Leute können von vielem überzeugt werden, je nachdem, was du ihnen erzählst. − R.

[5] Es ist unangenehm, es so oft zugeben zu müssen. − R.

[6] Wenn du ihn dazu bringst, zuzugeben, daß *dies* allem zugrunde liegt, bedeutet das, daß es darum allem zugrunde liegt? Alles, was du sagen kannst, ist, daß du gewisse Leute dazu bringen kannst, das glauben. − T.

[7] Was bedeutet ihre Aussage? − T. Wir könnten das gleiche gegen beide Parteien vorbringen. − R.

›Natürlich‹? (Die Vorstellung war, daß einzellige Organismen immer komplizierter werden und sich zu Säugetieren, Menschen etc. entwickeln.) Hat irgend jemand diese Entwicklung gesehen? Nein. Sieht sie jetzt irgend jemand? Nein. Der Beweisgrund der Züchtung ist nur ein Tropfen auf dem heißen Stein. Aber es gibt Tausende von Büchern, in denen gesagt wird, daß dies *die* offensichtliche Erklärung sei. Die Menschen sind sich *sicher* aufgrund von extrem dünnen Beweisen. Hätte es nicht die Einstellung geben können, die sagt:»Ich weiß es nicht. Das ist eine interessante Hypothese, die schließlich vielleicht einmal gut bestätigt sein wird«?[1] Das zeigt, daß du von einer bestimmten Sache überzeugt sein kannst. Am Ende vergißt du völlig jede Frage nach Verifikation, du bist nur sicher, daß es so gewesen sein muß.

33. Wenn du durch Psychoanalyse dazu geführt wirst zu sagen, daß deine Gedanken in Wirklichkeit die und die waren, daß dein Motiv in Wirklichkeit dies oder das gewesen ist, dann handelt es sich nicht um einen Fall von Entdeckung, sondern von Überredung[2]. Auf eine andere Art hättest du von etwas anderem überzeugt werden können. Zugegeben, wenn die Psychoanalyse dich vom Stottern befreit, befreit sie dich, und das ist ein Erfolg. Man hält bestimmte Ergebnisse der Psychoanalyse für Entdeckungen Freuds, für etwas unabhängig von dem Überzeugtwerden durch einen Psychoanalytiker, und ich möchte sagen, daß das nicht richtig ist.

34. Diese Sätze haben die Form der Überredung, besonders die, welche sagen ›Das ist *in Wirklichkeit* das‹. [Das bedeutet, — R.] es gibt bestimmte Unterschiede, die du zu vernachlässigen über-

---

[1] Aber die Menschen fühlten sich ausgesprochen angezogen von der Einheitlichkeit der Theorie - von dem einen Prinzip, welches als die offensichtliche Erklärung aufgefaßt wurde. Die Sicherheit (›natürlich‹) entstand aus dem ungeheuren Reiz dieser Einheitlichkeit. Aber kaum einer sagte es so; sie waren sich entweder sicher, daß es sich so verhielt, oder sicher, daß es sich nicht so verhielt. — R.

[2] Wir denken wahrscheinlich an eine Art von Entdeckung, wenn jemand während einer Analyse zugibt, dies und das gedacht zu haben, eine Entdeckung, die ganz unabhängig davon ist, daß er von einem Psychoanalytiker überzeugt worden ist. — R.

redet wirst[1]. Das erinnert mich an dieses wunderbare Motto: ›Alles ist, was es ist, und nicht etwas anderes.‹ Der Traum ist nicht verdorben, er ist etwas anderes.

35. Ich richte eure Aufmerksamkeit oft auf bestimmte Unterschiede, z.b. habe ich in diesen Vorlesungen versucht zu zeigen, daß die Unendlichkeit nicht so mysteriös ist wie sie aussieht. Was ich tue, ist auch Überredung. Wenn jemand sagt: »Es gibt keinen Unterschied«, und ich sage: »Es gibt einen Unterschied«, dann überrede ich. Ich sage: »Ich will nicht, daß du es so siehst.«[2] Angenommen, ich möchte zeigen, wie irreführend die Ausdrücke Cantors sind. Du fragst: »Was meinst du mit irreführend? Wohin führen die Ausdrücke dich?«

36. Jeans hat ein Buch mit dem Titel *The Mysterious Universe* (Das geheimnisvolle Universum) geschrieben, das ich verabscheue und das ich irreführend nenne. Nehmen wir den Titel. Den allein würde ich irreführend nennen[3]. Vgl. Wird der Daumenfänger getäuscht oder nicht?[4] Hat Jeans sich etwas vorgemacht, als er sagte es sei mysteriös? Ich könnte sagen, der Titel *The Mysterious Universe* enthält eine Art von Götzenverehrung, und die Götzen sind die Wissenschaft und der Wissenschaftler.

37. In gewissem Sinn mache ich Propaganda für einen Stil des Denkens im Unterschied zu einem anderen. Dieser andere Stil stößt mich ehrlich ab. Ich versuche auch auszudrücken, was ich denke. Trotzdem sage ich »Um Gottes Willen, tut das nicht«[5]. Z.B. habe ich Ursells Beweis in Stücke zerpflückt. Nachdem ich das getan hatte, sagte er, der Beweis behielte einen Reiz für ihn. Darauf konnte ich nur sagen: »Er hat keinen Reiz für mich. Ich

---

[1] Das bedeutet, daß du gewisse Dinge vernachlässigst, und daß du überredet wurdest, sie zu vernachlässigen. – R.

[2] Ich sage, ich möchte, daß du die Dinge in anderer Weise betrachtest. – T.

[3] Aber in welcher Weise irreführend? Ist es nicht mysteriös? – R.

[4] Ich habe von dem Spiel ›Daumenfangen‹ gesprochen. Was ist verkehrt daran? – R. ›Daumenfangen‹: man hält z.B. den rechten Daumen in der linken Hand und versucht dann, ihn mit der rechten Hand zu fassen. Der Daumen verschwindet ›mysteriöserweise‹, bevor er gefaßt werden kann. – Hrsg.

[5] Ich höre auf, verwirrt zu sein, und ich überrede euch, etwas anderes zu tun. – T.

verabscheue ihn.[1]« Vgl. den Ausdruck ›Die Kardinalzahl aller Kardinalzahlen‹.

38. Vgl. Cantor, der schrieb, wie wundervoll es sei, daß der Mathematiker in seiner Vorstellung [seinem Geist – T.] alle Grenzen überschreiten könne.

39. Ich würde mein Äußerstes tun, um zu zeigen, daß es dieser Reiz ist, der einen das tun läßt[2]. Da es sich um Mathematik oder Physik handelt, sieht es unwiderlegbar aus, und das erhöht den Reiz noch. Wenn wir die Umgebung des Ausdrucks erklären, sehen wir, daß das Ganze in völlig anderer Art hätte ausgedrückt werden können. Ich kann das so ausdrücken, daß es seinen Reiz für eine Menge Leute verliert, und bestimmt verliert es seinen Reiz für mich[3].

40. Wieviel von dem, was wir tun, besteht darin, den Stil des Denkens zu ändern, und wieviel von dem, was ich tue, besteht darin, den Stil des Denkens zu ändern, und wieviel tue ich, um andere davon zu überzeugen, ihren Denkstil zu ändern.

41. (Vieles von dem, was wir tun, ist eine Frage der Änderung des Denkstils.)

IV
(Aufzeichnungen von Rhees)

1. Ästhetische Rätsel, Rätsel über die Auswirkungen der Kunst auf uns[4].

Das Paradigma der Wissenschaften ist die Mechanik. Wenn die

---

[1] Was Cantors Beweis betrifft: Ich würde versuchen zu zeigen, daß es dieser Reiz ist, der den Beweis anziehend macht. (Nachdem ich diese Beweise mit Ursell diskutiert hatte, und er mir zugestimmt hatte, sagte er: ›Und doch...‹) – R.

[2] Ich würde mein Äußerstes tun, um die Auswirkung dieses Reizes aufzudecken und derjenigen der Assoziationen der ›Mathematik‹. – T.

[3] Wenn ich das Umfeld des Beweises beschreibe, dann kannst du vielleicht sehen, daß die Sache auch ganz anders hätte ausgedrückt werden können; und du würdest sehen, daß die Ähnlichkeit zwischen Aleph Null und einer Kardinalzahl sehr klein ist. Die Sache könnte auf eine Weise ausgedrückt werden, daß sie den Reiz, den sie für viele Leute hat, verliert. – R.

[4] Die Rätsel, die in der Ästhetik auftauchen, sind Rätsel, die aus den Auswirkungen der Künste auf uns entstehen, nicht Rätsel darüber, wie diese Dinge verursacht werden. – S.

Menschen sich eine Psychologie vorstellen, ist ihr Ideal das einer Mechanik der Seele[1]. Wenn wir betrachten, was dem tatsächlich entspricht, sehen wir, daß es physikalische Experimente und daß es psychologische Experimente gibt. Es gibt Gesetze der Physik und es gibt – wenn man höflich sein will – Gesetze der Psychologie. In der Physik aber gibt es beinahe zu viele Gesetze, in der Psychologie dagegen kaum welche. Darum ist die Rede von einer Mechanik der Seele ein wenig komisch.

2. Wir können aber davon träumen, die Reaktionen von Menschen, sagen wir auf Kunstwerke, vorherzusagen. Wenn wir uns vorstellen, der Traum sei verwirklicht, dann hätten wir damit die von uns empfundenen ästhetischen Rätsel nicht gelöst, obwohl wir vielleicht voraussagen könnten, daß eine bestimmte Zeile eines Gedichts auf eine bestimmte Person die und die Auswirkung hat. Was wir wirklich wollen, um ästhetische Rätsel zu lösen, sind gewisse Vergleiche – die Zusammenführung von bestimmten Fällen[2].

Es wird immer mehr über die ›Wirkungen von Kunstwerken‹ gesprochen – Gefühle, Vorstellungsbilder etc.[3] Da ist es dann natürlich zu fragen: »Warum hörst du dieses Menuett?«, und es besteht die Neigung zu antworten: »Um die und die Wirkung zu erzielen.« Bedeutet das Menuett selbst nichts? – *das* zu hören: hätte es ein anderes genausogut getan?

Du kannst ein Menuett spielen und eine Menge dabei empfinden, und das gleiche Menuett ein anderes Mal gespielt bedeutet nichts. Aber daraus folgt nicht, daß das, was das Menuett für dich bedeutet, unabhängig vom Menuett ist. Vgl. den Fehler anzunehmen, die Bedeutung oder der Gedanke begleite ein Wort, das Wort selbst spiele keine Rolle. ›Der Sinn eines Satzes‹ ist der

---

[1]   Ich nehme an, das Paradigma aller Wissenschaft ist die Mechanik, z.B. die Mechanik Newtons. Psychologie: Drei Gesetze für die Seele. – S.

[2]   Ich denke an ein Bild ›Die Erschaffung Adams‹ von Michelangelo. Ich habe einen seltsamen Eindruck, der so ausgedrückt werden könnte: ›Hinter diesem Bild steckt eine ungeheure *Philosophie*.‹ – S.

[3]   Bedeutet das, daß es ausreichen würde, bei jemandem ohne Bild den Effekt auszulösen? Gewiß, zuerst siehst du das Bild oder sagst ein Gedicht auf. Würde eine Spritze, die bei dir diesen Effekt erzielt, genauso gut sein wie das Bild? – S.

Angelegenheit ›Schätzen der Kunst‹ sehr ähnlich. Die Vorstellung, daß ein Satz eine Beziehung zu einem Gegenstand hat, so daß, was immer diesen Effekt hat, der *Sinn* des Satzes ist. »Wie steht es mit einem französischen Satz? — Es gibt die gleiche Begleiterscheinung, nämlich den *Gedanken*.« Jemand singt ein Lied mit Ausdruck und ohne Ausdruck. Warum dann nicht das Lied weglassen — hätten wir dann den Ausdruck?

Wenn ein Franzose auf französisch sagt »Es regnet« und ein Deutscher sagt es auf deutsch, dann passiert nicht etwas im Geist der beiden, was der wahre Sinn von ›Es regnet‹ wäre. Wir stellen uns etwas wie *Vorstellungsbilder* als internationale Sprache vor. Tatsächlich aber verhält es sich so:

(1) Das Denken (oder Vorstellen) ist keine Begleiterscheinung der Worte, die gesprochen oder gehört werden.

(2) Der Sinn — der Gedanke ›Es regnet‹ — besteht nicht einmal in den Worten zusammen *mit* irgendeiner Art von Vorstellung. Es *ist* der Gedanke ›Es regnet‹ nur in der deutschen Sprache[1].

3. Du machst in einem Sinn einen Fehler, wenn du fragst: »Was ist der eigenartige Effekt dieser Worte?«. Was, wenn sie keinen Effekt hätten? Sind sie nicht eigenartige Worte?

»Warum bewundern wir« dann dies und nicht das?« »Ich weiß es nicht.«

Angenommen, ich gebe dir eine Pille, die

(1) dich dazu bringt, ein Bild zu malen - vielleicht ›Die Erschaffung Adams‹;

(2) dir ein Kribbeln im Magen verursacht.

Was würdest du den *eigenartigeren* Effekt nennen? Sicherlich, daß du gerade dieses Bild gemalt hast. Das Kribbeln ist ziemlich einfach.

---

[1] (Man könnte Musik das Kratzen der Geigen nennen etc., und die Auswirkung die Geräusche, die wir hören, aber sind nicht die auditiven Eindrücke genauso wichtig wie die visuellen?)

Denken ist nicht einmal Sprechen mit Begleiterscheinung. Geräusche in Begleitung von was auch immer, sind keinesfalls von der Art ›Es regnet‹, sie gehören zur deutschen Sprache. Ein Chinese, der das Geräusch ›Es regnet‹ mit der gleichen Begleiterscheinung erzeugt — denkt er, ›Es regnet‹? — S.

»Betrachte ein Gesicht — was wichtig ist, ist sein Ausdruck — nicht seine Farbe, Größe etc.«

»Nun, dann zeige uns den Ausdruck ohne das Gesicht.«

Der Ausdruck ist nicht ein *Effekt*, den das Gesicht bei mir oder sonst jemandem auslöst. Man kann nicht sagen, daß irgend etwas anderes, was diesen Effekt auslöst, der Ausdruck des Gesichtes wäre[1].

Ich möchte dich traurig machen. Ich zeige dir ein Bild, und du bist traurig. Das ist der Effekt dieses Gesichtes.

4. Die Wichtigkeit der Erinnerung für den Ausdruck eines Gesichtes. Du kannst mir Stäbe zu verschiedenen Zeiten zeigen, einer ist kürzer als der andere. Vielleicht erinnere ich mich nicht daran, daß er das andere Mal länger war, aber ich vergleiche sie, und das zeigt mir, daß sie nicht gleich sind.

Ich zeichne vielleicht ein Gesicht. Später zeichne ich ein anderes Gesicht. Du sagst: »Das ist nicht das gleiche Gesicht.« — aber du kannst nicht sagen, ob die Augen enger stehen oder der Mund länger [die Augen größer oder die Nase länger — S.] ist oder sonst etwas in dieser Art. »Es sieht irgendwie anders aus.«[2]

Das ist ungeheuer wichtig für die gesamte Philosophie.

5. Wenn ich eine sinnlose Kurve [Gekritzel — S.] male

und später eine andere ziemlich genau wie diese, würdest du den Unterschied nicht erkennen. Aber wenn ich dieses eigenartige Ding zeichne, das wir Gesicht nennen, und dann eines ein wenig anders, würdest du sofort sehen, daß es einen Unterschied gibt.

Einen Ausdruck wiedererkennen. Architektur: — entwerfe eine Tür — »Ein wenig zu groß.« Du könntest sagen: »Er hat ein ex-

---

[1] Das Gesicht ist nicht ein Mittel, den Ausdruck zu erzeugen. — S.

[2] Es handelt sich um (die) Tatsache der Erinnerung an einen Gesichtsausdruck. — S.

zellentes Auge für Maße.« Nein — er sieht, es hat nicht den richtigen Ausdruck — es erzeugt nicht die richtige Geste[1].

Wenn du mir einen Stab von anderer Länge gezeigt hättest, hätte ich es nicht gemerkt. In diesem Fall mache ich auch keine seltsamen Gesten und Geräusche wie ich es tue, wenn ich eine Tür oder ein Gesicht sehe.

Ich sage z.B. von einem Lächeln: »Es war nicht ganz echt.«

»Oh Quatsch, die Lippen waren nur 1/1000 cm zu weit geöffnet. Spielt es eine Rolle?«

»Ja.«

»Dann wegen bestimmter Auswirkungen.«

Aber nicht nur das: die Reaktion ist eine andere.

Wir können die Geschichte der Angelegenheit angeben — wir reagieren so, weil es sich um ein *menschliches* Gesicht handelt. Aber abgesehen von der Geschichte — unsere Reaktion auf diese Linien ist völlig verschieden von unserer Reaktion auf irgendwelche anderen Linien. Zwei Gesichter mögen denselben Ausdruck haben. Sagen wir, sie sind beide traurig. Aber wenn ich sage: »Es hat genau *diesen* Ausdruck...« ...[2]

6. Ich zeichne ein paar Striche mit einem Stift und frage: »Wer ist das?« und erhalte die Antwort: »Es ist Napoleon«. Uns wurde nie gelehrt, diese Zeichen ›Napoleon‹ zu nennen.

Das Phänomen ähnelt dem des Schätzens von Gewichten.

Ich kann leicht zwischen ein paar Kritzeln auf der einen Seite und einem ordentlich gemalten Bild eines Mannes auf der anderen Seite unterscheiden. In einem Sinn würde keiner sagen: »Dies ist dasselbe wie das«. Aber auf der anderen Seite sagen wir: »Das ist Napoleon«. Bei einer eigenartigen [bestimmten?] Gewichtung sagen wir: »Dies ist das gleiche wie das«. Und bei einer Gewichtung unterscheidet das Publikum leicht zwischen dem Gesicht des Schauspielers und dem Gesicht Lloyd Georges.

Alle haben den Gebrauch von › = ‹ gelernt. Und plötzlich gebrauchen sie es in eigenartiger Weise. Sie sagen: »Das ist Lloyd George«, obwohl es in einem anderen Sinn keine Ähnlichkeit

---

[1] Nicht eine Sache der Abmessungen. — S.

[2] Kann Gekritzel die gleiche Wirkung haben wie das Bild eines Gesichtes? (1) Brüder hatten den gleichen traurigen Ausdruck. (2) Es hatte diesen Ausdruck, Photo und Geste. — S.

gibt. Eine Gleichheit, die wir die ›Gleichheit des Ausdrucks‹ nennen könnten. Wir haben den Gebrauch von ›das gleiche‹ gelernt. Plötzlich gebrauchen wir automatisch ›das gleiche‹, obwohl es keine Ähnlichkeit der Länge, des Gewichts oder etwas dieser Art gibt.[1]

In einer Vorlesung über Beschreibung hat Wittgenstein einen anderen Punkt über die Ähnlichkeit zur Sprache gebracht, der zitiert zu werden verdient und der hier eingefügt werden soll. – Hrsg. ›Nimm‹ den Fall, wo du eine Eigentümlichkeit in den Werken eines Dichters bemerkst. Man kann manchmal eine Ähnlichkeit zwischen dem Stil eines Musikers und dem Stil eines Dichters oder Malers, der zur gleichen Zeit lebte, entdecken. Nehmen wir Brahms und Keller. Ich hatte oft den Eindruck, daß bestimmte Themen bei Brahms sehr Kellersch sind. Das war außerordentlich auffallend. Ich habe das zunächst anderen Leuten erzählt. Du könntest sagen: »Was macht eine solche Äußerung interessant?« Das Interesse liegt teilweise darin, daß sie zur gleichen Zeit lebten.

Wenn ich gesagt hätte, daß er Shakespeare oder Milton ähnelte, wäre das nicht von Interesse oder von einem ganz anderen Interesse gewesen. Wenn ich von einem Thema immerzu hätte sagen wollen: »Dies ist Shakespearesch« wäre das von geringem oder keinem Interesse. Es würde keinerlei Verbindung herstellen. Dieses Wort (›Shakespearesch‹) drängt sich mir auf. Hatte ich eine bestimmte Szene im Sinn? Wenn ich sage, daß dieses Thema von Brahms extrem Kellersch ist, dann besteht das Interessante zunächst darin, daß die beiden zur selben Zeit lebten. Auch, daß man von beiden die gleiche Art von Dingen sagen kann — die Kultur der Zeit, in der sie lebten. Wenn ich das sage, kommt das einer objektiven Bedeutung nahe. Das Interessante mag darin bestehen, daß meine Worte eine verborgene Verbindung andeuten.

Z.B.: Hier haben wir es mit einem Fall zu tun, der sich von dem von Gesichtern unterscheidet. Im Fall von Gesichtern kannst du normalerweise schnell etwas finden, das dich dazu bringt zu sagen: »Ja, das ist es, was sie so ähnlich macht.« Dagegen könnte ich nicht sagen, worin die Ähnlichkeit zwischen Brahms und Keller besteht. Dennoch finde ich

---

[1] Wir gebrauchen ›übereinstimmen‹ in anderer Weise. Es handelt sich um Gleichheit und Gleichheit des Ausdrucks. Wir gebrauchen ›das gleiche‹ plötzlich und automatisch, wenn es nicht um Länge oder Breite etc. geht, obwohl wir den Ausdruck in Zusammenhang damit gelernt haben.

Die genaueste Beschreibung meines Gefühls hier wäre, wenn ich sagte:»Oh, das ist Lloyd George!«[1]
Stell dir vor, die genaueste Beschreibung eines Gefühls ist »Magenschmerz«. Warum ist nicht die wichtigste Beschreibung des Gefühls, daß du sagst:»Oh, dies ist das gleiche wie das!«?
7. Das ist der Witz des Behaviorismus. Es ist nicht so, daß er bestreitet, daß es Gefühle gibt. Aber er sagt, daß die Beschreibung des Verhaltens eine Beschreibung der Gefühle *ist*. »Was empfand er, als er sagte ›Duncan liegt in seinem Grab‹?« Kann ich seine Gefühle besser beschreiben als dadurch, daß ich beschreibe, wie er es sagte?[2] Alle anderen Beschreibungen sind ungenau, verglichen mit einer Beschreibung der Gesten, die er machte, des Tons seiner Stimme.
Was ist die Beschreibung von Gefühlen überhaupt? Was ist die Beschreibung von Schmerz?[3]

---

meine Äußerung interessant. Sie bezieht ihr Hauptinteresse aus der Tatsache, daß sie beide [zur selben Zeit] lebten. »Dies wurde (wurde nicht) vor Wagner geschrieben.« Das Interessante dieser Behauptung würde in der Tatsache bestehen, daß solche Behauptungen, die ich mache, gewöhnlich wahr wären. Man kann aufgrund des Stils tatsächlich beim Hören beurteilen, wann ein Gedicht geschrieben wurde. Du könntest dir vorstellen, daß dies unmöglich wäre, wenn die Menschen 1850 genauso geschrieben hätten wie 1750, aber du könntest dir dennoch Menschen vorstellen, die sagen:»Ich bin sicher, daß das 1850 geschrieben worden ist.« Vgl. [Ein Mann auf einer Bahnreise nach Liverpool, der sagt:] »Ich bin sicher, Exeter liegt in dieser Richtung.« – S.

---

[1] Wichtig ist, daß ich sage: ›Ja, das ist Drury.‹ Wenn du Gefühle beschreiben willst, ist es am besten, du beschreibst Reaktionen. Zu sagen ›Das ist Drury‹, ist ist die genaueste Beschreibung eines Gefühls, die ich überhaupt geben kann. Vorstellung, daß die genaueste Beschreibung aus Kribbeln im Magen besteht. – S.

[2] Kann ich seine Gefühle besser beschreiben als dadurch, daß ich die Art, wie er es sagte, imitiere? Ist das nicht höchst beeindruckend? – S.

[3] ›Er fühlte dies‹ (Anfassen des Kopfes). – S.

Diskussion über einen Unterhaltungskünstler, der Imitationen, Sketche macht. Angenommen, du willst den Eindruck des Publikums beschreiben — warum nicht zuerst beschreiben, was sie sahen? Dann vielleicht, daß sie sich vor Lachen schüttelten, dann, was sie sagten[1].

»Das kann keine Beschreibung ihrer Gefühle sein.« Man sagt das, weil man an ihre organischen Gefühle denkt — Anspannung der Brustmuskeln etc. Dabei handelt es sich offensichtlich um ein Erlebnis. Aber das scheint nicht halb so wichtig zu sein, wie die Tatsache, daß sie dies und das gesagt haben. Bei der Beschreibung eines Erlebnisses denkt man nicht an eine Beschreibung von Handlung, sondern an eine Beschreibung von Schmerz oder eines organischen Gefühls.

Vgl., was wir über die Art, wie Moden entstehen, gesagt haben: ob er sich so und so fühlt, wenn er den Aufschlag eines Mantels weiter schneidet. Aber, daß er ihn auf diese Art *schneidet* usw.[2], das ist das wichtigste an dem Erlebnis.

8. »Ist der wichtigste Eindruck, den ein Gemälde hervorruft, ein visueller Eindruck oder nicht?«

[(1)] »Nein. Denn du kannst etwas tun, was das Bild visuell ändert und doch den Eindruck nicht ändert.« Das klingt, als wollte man sagen, daß es kein Eindruck der Augen war: ein Effekt, aber kein rein visueller Effekt.

[(2)] »Aber es *ist* ein visueller Eindruck«. Nur diese Züge des visuellen Eindrucks zählen, nicht die anderen.

Angenommen, [jemand sagt]: »Die Assoziationen sind es, die zählen — ändere das Bild ein wenig, und es erzeugt nicht mehr die gleichen Assoziationen.«

Aber kannst du die Assoziationen von dem Bild trennen und das gleiche Bild behalten? Du kannst nicht sagen: »Dieses Bild ist so gut wie das andere: es erzeugt in mir die gleichen Assoziationen.«

9. Du *könntest* eines von zwei Gedichten wählen, die dich, sagen wir, an den Tod erinnern. Aber wenn du ein Gedicht gelesen

---

[1] Angenommen, ich sagte: ›Die Menge schüttelte sich vor Lachen‹, ohne zu beschreiben, worüber sie lachten; (oder ich) beschreibe, worüber sie lachten, aber nicht, wie sie lachten. Warum nicht zunächst beschreiben, was sie sahen, dann, wie sie sich verhielten oder was sie sagten und dann Gefühle? – S.

[2] ... daß er ihn größer macht, oder daß er sagt: ›Nein, nein, nein‹ – S.

und es bewundert hättest, könntest du sagen: »Oh, lies das andere, es wird den gleichen Effekt haben?«

Wie gebrauchen wir Poesie? Spielt sie diese Rolle – daß wir etwas sagen wie: »Hier ist etwas, was genauso gut ist...«? Stelle dir eine völlig andere Zivilisation vor[1]. In dieser Zivilisation gibt es etwas, was wir Musik nennen können, weil es Noten enthält. Sie behandeln Musik so: gewisse Musik bringt sie dazu, so zu gehen. Sie spielen eine Platte, um das zu tun. Einer sagt: »Ich brauche jetzt diese Platte. Ach nein, nimm die andere, sie ist genauso gut.«

Wenn ich ein Menuett bewundere, kann ich nicht sagen: »Nimm ein anderes. Es erzielt den gleichen Effekt.« Was meinst du? Es *ist* nicht das gleiche[2].

Wenn jemand Unsinn redet, stelle dir einen Fall vor, in dem das kein Unsinn ist. In dem Moment, wo du dir das vorstellst, erkennst du sofort, daß es sich in unserem Fall anders verhält. Wir lesen Gedichte *nicht*, um Assoziationen zu erzeugen. Wir tun es nun einmal nicht, obgleich es möglich wäre.

10. Zwei Schulen:

(1) »Was zählt, sind die Farbflächen [und Linien – S].«

(2) »Was zählt, ist der Ausdruck der Gesichter.«

In einem Sinn widersprechen sich diese beiden nicht. Nur macht (1) nicht klar, daß die unterschiedlichen Flächen von verschiedener *Wichtigkeit* sind, und daß verschiedene *Änderungen* völlig verschiedene Auswirkung haben: einige machen den Unterschied schlechthin aus.

»Ein Bild muß gut sein, auch wenn du es verkehrt herum betrachtest.« Dann ist das Lächeln vielleicht nicht mehr erkennbar. [Angenommen, du sagst:] »Dieses kleine Lächeln, durch das du das freundliche Lächeln zu einem ironischen Lächeln machst, ist kein rein visueller Unterschied. (Vgl. das Bild eines Mönches, der

---

[1] Eine andere Kultur, in der die Musik ein anders Verhalten bewirkt. Vgl. (die Rolle,) die die Musik für uns spielt, mit der Rolle, die sie für andere spielt. Man kann nun nicht sagen: ›Spiele Mozart, der tut es auch.‹ – S.

[2] Vgl. Sprache, in der das Erzeugen von Bildern durch Worte wichtig ist. Du kannst sehen, daß es sich in unserer Sprache nicht so verhält.
Gedichte, Meer, Meer-Gemälde. Frage ihn. Zeige ihm den Unterschied usw. – S.

eine Vision der Jungfrau Maria hat.) [Angenommen, du sagst:]
»Es ändert deine ganze Einstellung zu dem Bild.« Das mag völlig
richtig sein. Wie würde das ausgedrückt? Vielleicht durch dein
Lächeln. Das eine Bild könnte blasphemisch sein, während du
dich mit dem anderen wie in der Kirche fühlst. Deine Einstellung könnte in dem einen Fall sein, daß du wie im Gebet vor
dem Bild stehst, im anderen Fall könnte sie fast anzüglich sein.
Das ist ein Unterschied in der Einstellung.
»Nun, da hast du es. Es ist alles Einstellungssache.« Aber du
könntest diese Einstellungen ohne ein Bild haben. Sie sind wichtig – sicherlich.
11. »Du hast eine ungefähre Beschreibung der Einstellung gegeben. Aber was du beschreiben müßtest, ist etwas Subtileres.«
Aber wenn wir die Einstellung genauer beschreiben, woher wüßtest du, daß dies das wesentliche *dieses* Bildes ist – daß all das
immer vorhanden sein muß?
Stelle dir keine Beschreibung vor, die du noch nie gehört hast,
die eine Einstellung in unerhörtem Detail beschreibt. Denn du
weißt nichts über eine solche Einstellung. Wir haben keine Vorstellung von einer solchen Einstellung.
Eine Einstellung ist ziemlich gut durch die Stellung des Körpers
beschrieben. Das ist eine gute Beschreibung. Aber ist sie genau?
In gewisser Weise ist sie nicht genau. »Aber wenn du alle Mus-
kelgefühle kenntest, würdest du auf diejenigen zeigen, die eine
Rolle spielen.«[1] Ich kenne sie nicht, und ich wüßte nicht, wie eine solche Beschreibung aussähe[2]. Das meinen wir nicht mit Beschreibung. Stelle dir nicht eine imaginäre Art von Beschreibung
vor, von der du tatsächlich keine Vorstellung hast.
Wenn du sagst ›Beschreibung der Einstellung‹, verrate uns, was
du eine Beschreibung der Einstellung nennst, dann wirst du sehen, daß die Einstellung eine Rolle spielt. Einige Änderungen
ändern die Einstellung – Wir sagen: »Das ganze hat sich geändert.«

---

[1] Wer sagt, er müsse immer dieses Gefühl in diesem Muskel spüren? Er unter-
     scheidet das Betrachten dieses Bildes vom Betrachten jenes, aber er unterschei-
     det seine Muskelregungen nicht. – S.
[2] Ich kann beschreiben, wie ein Mann steht, und ich kann auch das Bild be-
     schreiben. Ein Mann, der Michelangelo zwölfmal ändert. – S.

12. Assoziationen spielen auch eine [enorme] Rolle. Sie zeigen sich besonders bei dem, was wir sagen. Wir nennen diese Gestalt ›Gottvater‹, die andere ›Adam‹; wir könnten fortfahren: »Das passiert in der Bibel usw.« Ist das alles, was zählt? Wir könnten alle diese Assoziationen mit einem anderen Bild haben und dennoch dieses Bild betrachten wollen.

»Das bedeutet, daß der wichtigste Eindruck der visuelle Eindruck ist.« Ja, aber anscheinend spielt das Bild die größte Rolle. Assoziationen können sich ändern, Einstellungen können sich ändern, aber ändere das Bild nur ein klein wenig, und du möchtest es dir nicht mehr ansehen.

Das Verlangen nach Einfachheit. [Die Menschen würden gerne sagen:] »Was wirklich zählt, sind nur die Farben.« Du sagst das hauptsächlich, weil du möchtest, daß das so ist. Wenn deine Erklärung kompliziert ist, wird sie abgelehnt, besonders, wenn du selbst nicht sehr hinter der Sache stehst.

Auszüge aus einer Vorlesung innerhalb einer Vorlesungsreihe über Beschreibung

Einer der interessantesten Punkte, der mit der Frage des Nicht-Beschreiben-Könnens verbunden ist, [ist, daß] der Eindruck, den ein bestimmter Vers oder ein paar Takte eines Musikstückes erzeugen, unbeschreibbar ist. »Ich weiß nicht, was es ist... Betrachte diesen Übergang... Was ist es?...« Ich glaube, du würdest sagen, es erzeugt Erlebnisse, welche nicht beschreibbar sind. Zunächst einmal ist es natürlich nicht wahr, daß wir immer sagen »Das ist unbeschreibbar«, wenn wir ein Musikstück oder eine Gedichtzeile hören, die uns stark beeindruckt. Aber es ist wahr, daß wir uns immer und immer wieder geneigt fühlen zu sagen: »Ich kann mein Erlebnis nicht beschreiben.« Ich denke an einen Fall, wo zu sagen, daß jemand unfähig ist zu beschreiben, daher kommt, daß er beeindruckt ist und beschreiben *will*, wo er sich selbst fragt: »Was ist das? Was tut er, was will er hier? – Gott, wenn ich nur sagen könnte, was er hier tut.«

Viele Menschen haben das Gefühl: »Ich kann eine Gebärde machen, aber das ist alles.« Ein Beispiel ist, über eine bestimmte Musikphrase zu sagen, daß in ihr eine Schlußfolgerung gezogen wird: »Obwohl ich um mein Leben nicht sagen könnte, warum da ein ›darum‹ ist!« Du sagst in diesem Fall, daß es unbeschreibbar ist. Aber das bedeutet nicht, daß du nicht eines Tages sagen kannst, daß etwas eine *Beschreibung* ist. Vielleicht findest du eines Tages das *Wort* oder du findest den Vers, der paßt. »Es ist, als ob er sagt: ›...‹,« und du hast einen Vers. Und nun sagst du vielleicht: »Und nun verstehe ich.«

Wenn du sagst: »Wir haben die Technik nicht« (I. A. Richards), wie dürfen wir in einem solchen Fall diese Beschreibung nennen? Du könntest so etwas sagen wie: »Nun, wenn du jetzt dieses Musikstück hörst, erfährst du gewisse Sinneseindrücke. Gewisse Bilder, gewisse organische Gefühle, Emotionen usw.« Bedeutungen, »wir wissen noch immer nicht, wie dieser Eindruck zu analysieren ist.«

Der Fehler scheint mir in der Vorstellung der Beschreibung zu liegen. Ich sagte bereits, daß für einige Menschen, besonders für mich, der Ausdruck einer Emotion in der Musik, sagen wir, eine bestimmte Geste ist. Wenn ich eine bestimmte Geste mache... »Es ist offensichtlich, daß du bestimmte kinästhetische Gefühle hast. Es bedeutet für dich bestimmte kinästhetische Gefühle.« Welche? Wie kannst du sie beschreiben? Außer, vielleicht, gerade durch diese Geste?

Angenommen, du sagtest: »Diese Phrase in der Musik bringt mich dazu, eine eigenartige Geste zu machen.« Ein Maler könnte diese Geste aufmalen. Jemand könnte, anstatt die Geste zu machen, sie zeichnen. Für ihn wäre es ein Ausdruck, diese Geste zu malen, oder ein dazugehöriges Gesicht, so wie für mich, diese Geste zu machen. »Wittgenstein, du sprichst, als ob die Phrase in dir Empfindungen hervorruft, die du nicht beschreiben kannst. Alles, was du spürst, sind Empfindungen in deinen Muskeln.« Das ist äußerst irreführend. Wir finden in einem Anatomiebuch die Muskeln, wir drücken gewisse Teile und geben den Empfindungen Namen, ›A‹, ›B‹, ›C‹ etc. Alles, was für ein Musikstück erforderlich wäre, wäre die Beschreibung ›A‹ usw., die Angabe der Empfindungen in jedem Muskel. Es scheint nun, als ob man so etwas tun könnte. Was ein Mensch sieht, kann normalerweise beschrieben werden. Farbnamen etc. Man nimmt an, daß zumindest ein Bild beschrieben werden kann. Man geht weiter und sagt, daß man nicht nur ein visuelles Bild, sondern auch ein Bild von kinästhetischen Empfindungen erhalten kann.

Nebenbei, inwiefern ist das falsch für ein Bild? Angenommen, wir sagen, daß wir den Ausdruck Gottes in Michelangelos ›Adam‹ nicht beschreiben können. »Aber das ist nur eine Frage der Technik, denn wenn wir ein numeriertes Gitter über sein Gesicht zeichneten, würde ich bloß die Nummern aufschreiben, und du würdest vielleicht sagen:

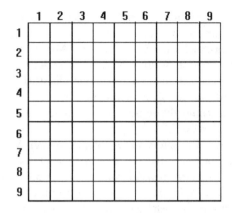

»Mein Gott! Großartig.« Es wäre keine Beschreibung. Du würdest so etwas nicht sagen. Es wäre nur eine Beschreibung, wenn
du nach diesem Bild malen (handeln?) könntest, was natürlich
denkbar ist. Aber das würde zeigen, daß du den Eindruck durch
Worte gar nicht vermitteln kannst, sondern wieder malen müßtest.

Könnt ihr euch vorstellen: es ist eine seltsame Tatsache, daß wir
manchmal jemanden imitieren? Ich erinnere mich daran, wie ich
auf einer Straße entlang ging und mir sagte: »Ich gehe jetzt genau wie Russell.« Man könnte sagen, das war eine kinästhetische
Empfindung. Sehr seltsam.

Jemand, der eines anderen Gesicht imitiert, tut das nicht vor einem Spiegel, aber es ist eine Tatsache, daß man so etwas sagen
kann wie: »Das Gesicht sieht so und so aus.«

Angenommen, ich mache eine Geste, und ich denke, die Geste
ist charakteristisch für meinen Eindruck. Angenommen, ich gebe
die Geste durch Koordinaten an, und ich möchte sie Mr. Lewy
klar machen. Es könnte sein, daß er eine analoge Geste machen
muß. Seine Muskeln, Hände usw. sind anders geformt. In einem
Sinn kann er sie darum nicht kopieren, in einem anderen Sinn
schon. Was können wir als Kopie betrachten? »Es hängt davon
ab, wie sich die Muskeln zusammenziehen.« Aber wie um alles in
der Welt könnt ihr das wissen? Wenn ich eine Geste mache und

ihr gute Imitatoren seid, werden diese Gesten ähnlich sein müssen, aber verschieden; die Form der Finger usw. ist verschieden. Das Kriterium dafür, daß es diese Geste ist, wird das Klicken in euch sein. Ihr sagt: »Das ist es.« Zu sagen, was ähnlich ist, ist unmöglich (zu sagen). Jeder macht eine solche Geste unmittelbar und sagt: »Das ist sie.«

Wenn ich Mr. Lewy einen Eindruck vermitteln will, dann vielleicht nur auf die Weise, daß er meine Geste kopiert. Was bleibt dann von der Technik der Beschreibung kinästhetischer Empfindungen? Es geht nicht um Koordinaten; es ist etwas anderes: einen Menschen zu imitieren. »Wittgenstein, wenn du eine Geste machst, dann erfährst du nur bestimmte kinästhetische Empfindungen.« Es ist nicht klar, in welchem Fall wir sagen, daß wir sie übermittelt haben. Aber vielleicht z.B. durch das, was wir ›imitieren‹ genannt haben.

Ob das so ist, wird abhängen von...

»Es gibt folgendes Phänomen: Wenn du mir ein Musikstück angibst und mich fragst, in welchem Tempo es gespielt werden soll, dann mag ich oder mag ich nicht absolut sicher sein. »Vielleicht so... Ich weiß nicht.« Oder »So!« und ich sage genau, welches Tempo es sein soll. Ich bestehe immer auf einem Tempo, nicht notwendigerweise demselben. Im anderen Fall bin ich unsicher. Nimm an, das Problem wäre, dir einen bestimmten Eindruck zu übermitteln, den ich von dem Musikstück erhalten habe. Das kann von der Tatsache abhängen, daß eine bestimmte Anzahl von euch ›es verstehen‹, ›es aufnehmen‹ kann, wenn ich es euch vorspiele. Worin besteht das ›Aufnehmen‹ einer Melodie oder eines Gedichts?

Ihr lest vielleicht eine Strophe. Ich lasse euch alle lesen. Jeder liest sie ein wenig anders. Ich erhalte den deutlichen Eindruck: »Keiner von ihnen hat es erfaßt.« Angenommen nun, ich lese sie euch vor und sage: »Schaut, so muß es klingen«. Dann lesen vier von euch die Strophe, keiner genau wie der andere, aber so, daß ich sage: »Jeder ist sich seiner ganz sicher.« Dies ist ein Phänomen, sich seiner sicher sein, es auf *die einzige Weise* lesen. Er hält die Pausen ganz genau ein. Ich könnte in diesem Fall sagen, daß ihr vier es verstanden habt. Ich hätte euch etwas vermittelt.

Ich könnte völlig zutreffend sagen, daß ich exakt die Erfahrung, die ich hatte, euch vermittelt habe.

Aber was ist mit der Technik der Vorstellungsbilder usw.? Diese (Konvention, Kommunikation, Beschreibung) basiert nicht darauf, mich genau zu kopieren. Wenn ich einen Chronometer hätte, mit dem ich genau die Zeit zwischen den Vokalen messen könnte, wäre sie vielleicht nicht gleich, sondern völlig verschieden.

Wenn jemand sagt: »Uns fehlt die Technik«, setzt er voraus, daß wir einen neuen Ausdruck hätten, eine neue Art des Übermittelns, nicht die alte Art, wenn wir sie hätten. Aber woher weiß er, daß ich mit der Beschreibung auf eine neue Weise – nimm an, ich hätte eine Art der Beschreibung von kinästhetischen Empfindungen oder eine Art, Gesten zu beschreiben – das gleiche erhalte wie mit der Übermittlung einer Geste? Angenommen, ich sagte: »Ich spüre dort ein Kribbeln« [die Finger fahren die Hand herunter]. Nimm an, ich hätte sechs Kribbelgefühle und eine Methode, jedes einzelne davon zu erzeugen. Nimm an, ich hätte ein Instrument so an meine Nervenenden angeschlossen, daß es einen elektrischen Strom, der durch die Nerven geht, mißt. Du erhältst eine Instrumentenanzeige. »Nun werde ich das bei Mr. Lewy hervorrufen.« Aber wäre das die Wiedergabe, die wir uns vorstellen? Ich könnte eine Strophe lesen, und du könntest sagen: »Wittgenstein hat es offenbar verstanden. Er versteht meine Interpretation.« Mr. Lewy liest es, und du sagst das gleiche. Aber Stimme, Kraft usw. sind verschieden. »Meine Interpretation ist die, welche die gleichen kinästhetischen Eindrücke erzeugt.« Aber woher weißt du das? Das ist einfach überhaupt keine Analyse. Wir haben eine Methode des Vergleichens, und wenn du sagst: »Und wir könnten auch eine wissenschaftliche haben«, würde ich fragen: »Ja, aber was bringt dich dazu zu glauben, daß diese parallel zueinander verlaufen?«

Gespräche über Freud

Wittgenstein war in diesen Diskussionen Freud gegenüber sehr kritisch. Aber er stellte auch heraus, daß viel von dem, was Freud gesagt hat, beachtenswert ist; zum Beispiel seine Bemerkung über den Begriff des »Traumsymbolismus« oder sein Hinweis darauf, daß ich im Traum — in gewissem Sinn — ›etwas sage‹. Er versuchte, das Wertvolle bei Freud von der ›Denkweise‹, die er bekämpfen wollte, zu trennen.

Er erzählte mir, daß er Psychologie bei seinem Aufenthalt in Cambridge vor 1914 für Zeitverschwendung gehalten hatte. (Allerdings hatte er sie nicht ignoriert. Ich hörte, wie er einem Studenten das Weber-Fechner-Gesetz in einer Weise erklärte, die einfach nicht bloß von der Lektüre des Artikels von Meinong oder von Diskussionen mit Russell herrühren konnte.) »Dann las ich einige Jahre später zufällig etwas von Freud und setzte mich vor Erstaunen auf. Hier war jemand, der etwas zu sagen hatte.« Ich glaube, das war kurz nach 1919. Und für den Rest seines Lebens blieb Freud für ihn einer der wenigen Autoren, die er für lesenswert hielt. Er sprach zum Zeitpunkt dieser Diskussionen von sich als einem »Schüler Freuds« und »Anhänger Freuds«.

Er bewunderte Freud wegen der Beobachtungen und Anregungen in seinen Schriften; dafür, »etwas zu sagen zu haben«, selbst da, wo er nach Wittgensteins Ansicht falsch lag. Auf der anderen Seite hielt er den enormen Einfluß der Psychoanalyse in Europa und Amerika für schädlich — »obwohl es lange dauern wird, bis wir unsere Unterwürfigkeit ihr gegenüber verlieren.« Um von Freud zu lernen, muß man kritisch sein; und die Psychoanalyse verhindert das normalerweise.

Ich sprach von dem Schaden, den es für das Schreiben bedeutet, wenn ein Autor versucht, Psychoanalyse in die Geschichte zu bringen. »Natürlich«, antwortete er, »Es gibt nichts Schlimmeres.« Er war bereit, durch Bezug auf eine Geschichte etwas zu illustrieren, was Freud sagen wollte, aber die Geschichte war dann unabhängig geschrieben worden. Einmal, als Wittgenstein etwas wiedergab, was Freud gesagt hatte, und den Rat, den er jemanden gegeben hatte, sagte einer von uns, daß ihm dieser Rat nicht sehr weise erschiene. »Oh, sicherlich nicht«, sagte Wittgenstein. »Aber Weisheit ist etwas, was ich nie von Freud erwarten würde. Klugheit, sicherlich, aber nicht Weisheit.« Weisheit war etwas, was er bei seinen Lieblingserzählern bewunderte, bei Gottfried Keller zum Beispiel. Die Art der Kritik, die beim Studium Freuds helfen würde, müßte sehr tief sein, und sie ist nicht sehr verbreitet.

WITTGENSTEIN (Aufzeichnungen von R.R. nach einem Gespräch, Sommer 1942)
Wenn wir Psychologie studieren, fühlen wir vielleicht, daß etwas unbefriedigend ist, wir fühlen eine Schwierigkeit des ganzen Objektes unseres Studiums – weil wir die Physik für die ideale Wissenschaft halten. Wir denken daran, Gesetze zu formulieren, so wie in der Physik. Und dann erkennen wir, daß wir nicht dieselbe Art ›Metrik‹, dieselben Vorstellungen von Messungen haben wie in der Physik. Das ist besonders deutlich, wenn wir versuchen, Erscheinungen zu beschreiben: die kleinsten wahrnehmbaren Farbunterschiede, die kleinsten wahrnehmbaren Unterschiede von Längen und so weiter. Es scheint zum Beispiel, als könnten wir hier nicht sagen: »Wenn A=B und B=C, dann A=C«. Und diese Art von Schwierigkeit zieht sich durch das ganze Gebiet. Oder nimm an, du willst über Kausalität bei der Wirkung von Gefühlen sprechen. »Der Determinismus gilt für den Geist genauso wie für physikalische Dinge.« Das ist obskur, denn wenn wir an Kausalgesetze in bezug auf physikalische Dinge denken, denken wir an *Experimente*. Wir haben nichts dergleichen in Verbindung mit Gefühlen und Motivationen. Und doch wollen Psychologen sagen: »Es *muß* ein Gesetz geben«, obwohl kein Gesetz gefunden worden ist. (Freud: »Wollen Sie sagen, meine Herren, daß Veränderungen mentaler Phänomene vom *Zufall* geleitet sind?«) Mir dagegen erscheint die Tatsache, daß es solcherlei Gesetze *nicht gibt*, wichtig.
Freuds Traumtheorie. Er möchte sagen, daß, was immer in einem Traum passiert, sich als mit einem Wunsch verknüpft herausstellen wird, den die Analyse ans Licht bringen kann. Aber

dieses Verfahren der freien Assoziation und so weiter ist sonderbar, weil Freud niemals zeigt, wo aufzuhören ist, wo die richtige Lösung liegt. Manchmal sagt er, daß die richtige Lösung, oder die richtige Analyse, die ist, die den Patienten befriedigt. Manchmal sagt er, daß der Doktor weiß, was die richtige Lösung oder Analyse eines Traums ist, wohingegen es der Patient nicht weiß: der Doktor kann sagen, daß der Patient sich irrt.

Der Grund, warum er eine Art der Analyse die richtige nennt, scheint keine Sache des Beweises zu sein. Genausowenig wie die Behauptung, daß Halluzinationen und so auch Träume Wunscherfüllungen sind.

Angenommen, ein verhungernder Mann hat eine Halluzination von etwas Eßbarem. Freud will sagen, daß es ungeheure Energie kostet, etwas zu halluzinieren: es ist nicht etwas, was normalerweise passieren würde, sondern die Energie ist durch den außergewöhnlichen Umstand gegeben, daß der Wunsch des Mannes nach Eßbarem übermächtig geworden ist. Das ist *Spekulation*. Es ist die Art von Erklärung, die wir geneigt sind zu akzeptieren. Sie wird nicht als Resultat einer detaillierten Untersuchung über die Spielarten der Halluzinationen vorgestellt.

Freud liefert in seiner Analyse Erklärungen, die viele Menschen anzunehmen geneigt sind. Er betont, daß die Menschen sie nicht annehmen wollen. Aber wenn eine Erklärung so geartet ist, daß die Menschen nicht geneigt sind, sie anzunehmen, dann ist es sehr wahrscheinlich, daß sie auch so geartet ist, daß die Menschen *geneigt* sind, sie anzunehmen. Und das ist es, was Freud in Wirklichkeit herausgestellt hat. Betrachte Freuds Ansicht, daß Angst immer in gewisser Weise eine Wiederholung der Angst ist, die wir bei der Geburt empfinden. Er belegt das nicht durch Bezug auf Beweise — denn er könnte es nicht. Aber es handelt sich um eine Idee, die einen auffallenden Reiz hat. Sie hat den Reiz, den mythologische Erklärungen haben, Erklärungen, die sagen, daß alles, was passiert, die Wiederholung von etwas zuvor Geschehenem ist. Und wenn die Menschen das annehmen oder sich zu eigen machen, dann erscheinen ihnen gewisse Dinge viel klarer und einfacher. Genauso ist es auch mit dem Begriff des Unbewußten. Freud behauptet, in den Erinnerungen, die durch

die Analyse ans Licht gebracht werden, Beweise zu erhalten. Aber
an einer gewissen Stelle ist es nicht klar, wie weit diese Erinnerungen auf den Analytiker zurückzuführen sind. Wie auch immer, zeigen sie, daß die Angst notwendigerweise eine Wiederholung der ursprünglichen Angst ist?

Das Symbolisieren in den Träumen. Die Vorstellung einer
Traumsprache. Stelle dir vor, ein Bild als Traum wiederzuerken-
nen. Ich (L.W.) habe einmal die Ausstellung von Bildern einer
jungen Künstlerin in Wien betrachtet. Es gab ein Bild eines lee-
ren Raums, einer Art Keller. Zwei Männer mit Zylinder saßen
auf Stühlen. Sonst nichts. Und der Titel: »Besuch«. Als ich es
sah, sagte ich sofort: »Das ist ein Traum.« (Meine Schwester be-
schrieb das Bild Freud, und er sagte ›Oh ja, das ist ein ziemlich
häufiger Traum‹ – verknüpft mit Jungfräulichkeit.)

Beachte, daß der Titel es als Traum festmacht – womit ich nicht
meine, daß irgend so etwas von der Malerin im Schlaf geträumt
wurde. Man würde nicht von *jedem* Bild sagen ›Das ist ein
Traum‹. Und das zeigt, daß es so etwas wie eine Traumsprache
gibt.

Freud erwähnt verschiedene Symbole: Zylinder sind immer wieder phallische Symbole, hölzerne Dinge wie Tische sind Frauen,
usw. Seine historische Erklärung dieser Symbole ist absurd. Wir
könnten sagen, daß sie sowieso nicht benötigt wird: es ist die
natürlichste Sache der Welt, daß ein Tisch diese Art von symbo-
lischer Bedeutung hat.

Im Traum können wir uns – indem wir diese Art von Sprache
benutzen – auf eine Frau oder einen Phallus beziehen, aber wir
können uns *auch* überhaupt nicht auf so etwas beziehen. Wenn
eine Handlung oft zu einem bestimmten Zweck ausgeführt wird
– jemanden schlagen, um Schmerz zu erzeugen – dann wird sie
hundert zu eins auch unter anderen Umständen, *nicht* zu diesem
Zweck ausgeführt. Vielleicht will er ihn nur schlagen, ohne überhaupt daran zu denken, Schmerz auszulösen. Die Tatsache, daß
wir dazu neigen, den Hut als phallisches Symbol anzuerkennen,
bedeutet nicht, daß die Künstlerin notwendigerweise einen Phallus meinte, als sie ihn malte.

Betrachte die Schwierigkeit, daß ein Symbol im Traum, das nicht verstanden wird, gar kein Symbol zu sein scheint. Warum also es eines nennen? Aber angenommen, ich habe einen Traum und akzeptiere eine gewisse Interpretation. *Dann* — indem ich die Interpretation über den Traum stülpe — kann ich sagen:»Oh ja, der Tisch entspricht offenbar der Frau, dies dem usw.«

Ich könnte Kritzel an die Wand malen. Sie erscheinen in bestimmter Weise wie Schrift, aber es handelt sich nicht um eine Schrift, die entweder ich oder irgend jemand anderer als Schrift erkennen oder verstehen würde. Wir sagen darum, daß ich »Doodles« erzeuge. Ein Analytiker beginnt dann, mir Fragen zu stellen, Assoziationen aufzuspüren und so weiter; und wir kommen zu einer Erklärung, warum ich das tue. Wir könnten dann vielleicht verschiedene Kritzel, die ich gemacht habe, verschiedenen Elementen der Interpretation zuordnen. Und wir könnten dann die Doodles als eine Art von Schrift bezeichnen, als Gebrauch einer Art von Sprache, obwohl sie niemand verstanden hatte.

Freud behauptet fortwährend, wissenschaftlich zu sein. Aber was er liefert, ist *Spekulation* — etwas, das sogar der Formulierung einer Hypothese vorausgeht.

Er spricht davon, den Widerstand aufzugeben. Eine »Instanz« wird von einer anderen »Instanz« getäuscht. (In dem Sinne, in dem wir von einer höheren Gerichtsinstanz sprechen, die mit Autorität das Urteil einer niedrigeren Instanz aufheben kann. RR.) Der Analytiker gilt als stärker, als fähig zu kämpfen und die Täuschung der Instanz zu überwinden. Aber es gibt keinen Weg zu zeigen, daß das ganze Resultat der Analyse nicht »Täuschung« sein wird. Es ist etwas, was die Menschen annehmen wollen, was es für sie einfacher macht, bestimmte Wege zu gehen: es macht für sie bestimmte Verhaltens- und Denkweisen natürlich. Sie haben eine Denkweise aufgegeben und eine andere angenommen.

Können wir sagen, daß wir die wesentliche Natur des Geistes bloßgelegt haben? »Begriffsbildung«. Hätte die ganze Sache nicht ganz anders behandelt werden können?

WITTGENSTEIN (Aufzeichnungen nach Gespräch, 1943; Rush Rhees)
TRÄUME. Die Interpretation von Träumen. Symbolismus.
Wenn Freud von bestimmten Bildern als Symbolen spricht —
sagen wir, dem Bild eines Hutes — oder wenn er sagt, das Bild
»bedeutet« dies und das, dann spricht er von Interpretation, und
davon, was dem Träumenden nahegebracht werden kann, als
Interpretation anzunehmen.
Es ist charakteristisch für Träume, daß sie dem Träumenden oft
nach einer Interpretation zu verlangen scheinen. Man ist kaum
je geneigt, einen Tagtraum aufzuschreiben oder ihn jemandem
zu erzählen oder zu fragen: »Was bedeutet er?« Aber Träume
scheinen etwas Rätselhaftes und auf besondere Weise etwas Inter-
essantes an sich zu haben — so daß wir sie gedeutet haben möchten. (Sie wurden oft als Botschaften betrachtet.)
Es scheint etwas in den Traumbildern zu geben, das eine gewisse
Ähnlichkeit mit den Zeichen einer Sprache hat. So wie sie eine
Folge von Zeichen auf Papier oder im Sand haben könnte. Es
mag kein Zeichen dabei sein, das wir als konventionelles Zeichen
irgendeines Alphabetes erkennen würden, und doch haben wir
das starke Gefühl, daß sie irgendeine Art Sprache sein müssen:
daß sie etwas bedeuten müssen. Es gibt eine Kathedrale in Mos-
kau mit fünf Türmen. Auf jedem von ihnen befindet sich eine
anders geformte Kurvenkonfiguration. Man erhält den starken
Eindruck, daß diese verschiedenen Formen und Anordnungen
etwas bedeuten müssen.
Wenn ein Traum interpretiert wird, könnten wir sagen, wird er in
einen Kontext eingefaßt, in welchem er aufhört, rätselhaft zu
sein. In gewissem Sinn träumt der Träumende seinen Traum
noch einmal in einer Umgebung so, daß sich sein Anschein ändert. Es ist, als ob man uns einen Teil einer Leinwand zeigte, auf
der eine Hand und ein Teil eines Gesichtes und bestimmte andere Formen in rätselhafter und unzusammenhängender Weise gemalt sind. Angenommen, dieser Teil ist von einem beträchtli-
chen Stück leerer Leinwand umgeben, und daß wir nun auf dieser Fläche Formen malen — sagen wir, einen Arm, einen Baum-
stamm usw. — die zu den Gestalten des ursprünglichen Teiles

führen und zu ihnen passen, und das Ergebnis ist, daß wir sagen:
»Ah, nun verstehe ich, warum das so ist, warum alles auf diese
Weise angeordnet ist, und was die verschiedenen Teile bedeu-
ten...« und so weiter.

Unter den Gestalten auf dem ursprünglichen Leinwandteil könnten sich bestimmte Formen befinden, von denen wir sagen würden, daß sie sich nicht mit den weiteren Figuren auf der übrigen
Leinwand verbinden lassen: sie sind nicht Teile von Körpern
oder Bäumen etc., sondern Teile von Schrift. Wir könnten das
vielleicht von einer Schlange sagen oder einem Hut oder so etwas. (Das entspräche den Figuren auf der Moskauer Kathedrale.)
Was bei der Interpretation von Träumen getan wird, ist nicht
alles von der gleichen Art. Ein Teil der Interpretation gehört sozusagen noch zu dem Traum selbst. Bei der Überlegung, was ein
Traum ist, ist es wichtig zu überlegen, was mit ihm geschieht,
zum Beispiel die Art, wie sich sein Anschein ändert, wenn er in
Beziehung mit anderen Dingen, an die wir uns erinnern, gebracht wird. Beim Aufwachen kann der Traum jemanden auf verschiedene Weisen bewegen. Man könnte erschreckt und ängst-
lich sein; oder wenn man den Traum aufgeschrieben hat, könnte
man eine gewisse Art Schauer empfinden, ein sehr lebhaftes Interesse verspüren, sich beeindruckt fühlen. Wenn man sich nun
an bestimmte Ereignisse des vergangenen Tages erinnert und das
Geträumte damit verbindet, dann macht das schon einen Unterschied aus, es ändert den Anschein des Traumes. Wenn das
Nachdenken über den Traum dann dazu führt, daß man sich an
bestimmte Dinge der frühen Kindheit erinnert, wird das einen
noch anderen Anschein erzeugen. Und so weiter. (All das ist verbunden mit dem, was über das Nocheinmal-Träumen des Traumes gesagt worden ist. Es gehört auf eine Weise noch zum
Traum.)

Auf der anderen Seite könnte man eine Hypothese bilden. Beim
Lesen eines Traumberichtes könnte man vorhersagen, daß der
Träumende dazu gebracht werden kann, sich an die und die Ereignisse zu erinnern. Und diese Hypothese ließe sich oder ließe
sich nicht bestätigen. Wir könnten das die wissenschaftliche Behandlung des Traumes nennen.

Freier Einfall und Wunscherfüllung. Es gibt verschiedene Kriterien für die richtige Interpretation: z.b. (1) was der Analytiker auf der Basis seiner bisherigen Erfahrung sagt oder vorhersagt; (2) wozu der Träumende durch freien Einfall geführt wird. Es wäre interessant und wichtig, wenn diese beiden Fälle gewöhnlich zusammenfielen. Aber es wäre seltsam zu behaupten (wie es Freud zu tun scheint), daß sie *immer* zusammenfallen *müssen*.

Was beim freien Einfall passiert, wird wahrscheinlich durch eine ganze Anzahl von Umständen bestimmt. Es scheint keinen Grund dafür zu geben, daß er nur durch die Art von Wunsch bestimmt ist, für den sich der Analytiker interessiert, von dem er Grund hat zu sagen, daß er eine Rolle gespielt haben muß. Wenn du das, was als Fragment eines Bildes erscheint, vervollständigen willst, könnte man dir raten, damit aufzuhören, angestrengt darüber nachzudenken, wie das Bild wahrscheinlich ausgesehen hat, und es stattdessen einfach gedankenlos anzustarren und den ersten Strich zu machen, der dir in den Sinn kommt. Das könnte in sehr vielen Fällen ein sehr fruchtbarer Rat sein. Aber es wäre erstaunlich, wenn er *immer* zu den besten Ergebnissen führte. Welche Striche du machst, ist wahrscheinlich von allem beeinflußt, was mit dir und in dir geschieht. Und wenn mir nun einer dieser Faktoren bekannt wäre, würde mir das nicht mit Sicherheit sagen, welchen Strich du machen wirst.

Zu sagen, daß Träume Wunscherfüllungen sind, ist sehr wichtig, hauptsächlich, weil das auf die Art von Interpretation hinweist, die gewünscht wird — auf die Art von Ding, die als eine Interpretation des Traumes gelten würde. Im Gegensatz zu einer Interpretation, die sagt, daß Träume nur Erinnerungen an Vergangenes sind, zum Beispiel. (Wir haben nicht den Eindruck, daß Erinnerungen in gleicher Weise nach einer Interpretation verlangen wie Träume.) Und einige Träume sind ganz offensichtlich Wunscherfüllungen so wie die sexuellen Träume der Erwachsenen zum Beispiel. Aber es ist anscheinend verworren zu sagen, daß *alle* Träume halluzinierte Wunscherfüllungen sind. (Freud bietet sehr häufig etwas, was wir sexuelle Interpretationen nennen könnten. Aber es ist interessant, daß sich unter all den Traumberichten kein einziges Beispiel eines offenen sexuellen Traumes befindet. Dabei sind sie so gewöhnlich wie Regenwetter.) Teilweise, weil sich das anscheinend nicht mit der Ansicht verträgt, daß der Traum aus der Angst und nicht der Sehnsucht entsteht. Teilweise, weil die meisten Träume, die Freud betrachtet, als *versteckte* Wuscherfüllungen betrachtet werden müssen, und in diesem Fall erfüllen sie den Wunsch einfach nicht. Der Wunsch darf ex hypothesi nicht erfüllt werden, und statt dessen wird etwas anderes halluziniert. Wenn der Wunsch auf diese Weise betrogen wird, dann kann der Traum kaum seine Erfüllung genannt werden. Es wird auch unmöglich zu sagen, ob der Wunsch oder der Zensor der Betrogene ist. Anscheinend sind es beide, und das Ergebnis ist, daß keiner befriedigt ist. Der Traum ist darum nicht die halluzinierte Befriedigung von irgendetwas.

Wahrscheinlich gibt es viele verschiedene Arten von Träumen und nicht eine Erklärungsweise für sie alle. Genauso, wie es viele verschiedene Arten von Witzen gibt. Oder genauso, wie es verschiedene Arten von Sprache gibt.

Freud war durch die im 19. Jahrhundert herrschende Vorstellung der Dynamik beeinflußt, eine Vorstellung, die die ganze Behandlung der Psychologie beeinflußt hat. Er wollte eine einzige Erklärung finden, die zeigen sollte, was Träumen bedeutet. Er wollte das *Wesen* des Traumes ergründen, und er hätte jede Vermutung, daß er teilweise, aber nicht ganz und gar recht haben könne, von sich gewiesen. Wenn er sich teilweise irrte, dann hätte das für ihn bedeutet, völlig falsch zu liegen — daß er das Wesen des Traumes nicht wirklich ergründet hätte.

WITTGENSTEIN (Aufzeichnungen nach Gesprächen, 1943. R.R.)

Ob ein Traum ein Gedanke ist. Ob Träumen Nachdenken über etwas ist.

Angenommen, man betrachtet einen Traum als eine Art von Sprache, als eine Art etwas zu sagen oder eine Art etwas zu symbolisieren. Es könnte einen geordneten Symbolismus geben, nicht notwendigerweise alphabetisch, er könnte, sagen wir, wie Chinesisch sein. Wir könnten dann einen Weg finden, diesen Symbolismus in die Sprache der gewöhnlichen Rede, des ge-

wöhnlichen Gedankens zu übertragen. Aber dann sollte die
Übertragung in beide Richtungen möglich sein. Durch Anwendung der gleichen Technik sollte es möglich sein, gewöhnliche
Gedanken in die Traumsprache zu übertragen. Wie Freud erkennt, geschieht das nie und kann nicht geschehen. Wir können
darum bezweifeln, daß Träumen eine Art Denken ist, daß es
überhaupt eine Sprache ist.
Offensichtlich gibt es gewisse Ähnlichkeiten zur Sprache.
Stelle dir ein Bild in einer satirischen Zeitung kurz nach dem
letzten Krieg vor. Dieses Bild könnte eine Figur enthalten, von
der man sagt, es sei offensichtlich eine Karikatur Churchills, und
eine andere Figur, irgendwie mit Hammer und Sichel gekennzeichnet, so daß man sagen würde, sie stelle offensichtlich Ruß-
land dar. Angenommen, der Titel des Bildes fehlte. Trotzdem
könntest du im Hinblick auf die beiden erwähnten Figuren sicher sein, daß das ganze Bild offensichtlich versucht, etwas über
die politische Situation der Zeit auszusagen.
Die Frage ist, ob du immer zu der Annahme berechtigt bist, daß
es einen Witz oder eine Aussage geben müsse, die *die* Aussage
der Karikatur wäre. Vielleicht gibt es sogar für das Bild als Ganzes überhaupt keine »richtige Interpretation«. Du könntest sagen:
»Es gibt Hinweise — so wie die beiden erwähnten Figuren —, die
vermuten lassen, daß es eine gibt.« Und ich könnte antworten,
daß diese Hinweise vielleicht alles sind, was es überhaupt gibt.
Wenn du eine Interpretation der beiden Figuren hast, gibt es
vielleicht keine Grundlage mehr dafür zu sagen, daß es eine Interpretation des Ganzen oder jedes Details in gleicher Weise geben *müsse*.
Für Träume gilt vielleicht ähnliches.
Freud würde fragen: »Was hat dich dazu gebracht, diese Situation überhaupt zu halluzinieren?« Man könnte antworten, daß es
nichts geben muß, was mich dazu *gebracht* hat, sie zu halluzinieren.
Freud scheint gewisse Vorurteile darüber zu haben, wann eine
Interpretation als vollständig zu betrachten sei — und also auch,
wann sie nach Vervollständigung verlangt, wann weitere Interpretation benötigt wird. Angenommen, jemand hätte keine Ahnung

von der Tradition der Skulptoren, Büsten herzustellen. Wenn er
dann der fertigen Büste eines Mannes begegnete, könnte er sagen, daß es sich dabei offensichtlich um ein Fragment handele
und daß es andere dazu gehörige Teile geben müsse, die den
ganzen Körper ausmachen.

Angenommen, du nimmst gewisse Dinge im Traum wahr, die in
Freudscher Manier interpretiert werden können. Gibt es irgend
einen Grund für die Annahme, daß es genauso eine Interpretation für alles andere im Traum geben muß, daß es sinnvoll ist zu
fragen, was die Interpretation der anderen Dinge darin ist?

Freud fragt: »Verlangst du von mir zu glauben, daß irgend etwas
ohne Ursache passiert?« Aber das bedeutet nichts. Wenn du unter ›Ursache‹ auch physiologische Ursachen verstehst, wissen wir
nichts darüber, und in jedem Fall sind sie für die Frage der Interpretation nicht relevant. Ganz bestimmt kann man auf Grund
von Freuds Frage nicht die Behauptung aufstellen, daß alles im
Traum einen Grund in dem Sinn hat, daß es ein vergangenes Er-
eignis gibt, mit dem es durch Assoziation auf diese Weise verbunden ist.

Angenommen, wir betrachten einen Traum als eine Art von
Spiel, das der Träumende spielt. (Und nebenbei: Es gibt nicht
eine Ursache, einen Grund, warum Kinder andauernd spielen.
An dieser Stelle gehen die Theorien über das Spiel gewöhnlich in
die Irre.) Es könnte ein Spiel geben, in dem Papierfiguren so an-
einander gelegt werden, daß sie eine Geschichte ergeben, oder
jedenfalls werden sie irgendwie zusammengelegt. Das Material
könnte in einem Album, voll von Bildern und Anekdoten, ge-
sammelt und aufbewahrt werden. Das Kind könnte verschiedene
Teile dem Album entnehmen und seiner Konstruktion hinzufü-
gen, und es könnte ein sehr großes Bild wählen, weil darauf etwas ist, was es will, und es würde den Rest einfach nehmen, weil
es mit darauf ist.

Vergleiche die Frage, warum wir träumen und warum wir Ge-
schichten schreiben. Nicht alles in der Geschichte ist allegorisch.
Was würde der Versuch zu erklären, warum er gerade diese Geschichte in dieser Weise geschrieben hat, bedeuten?

Es gibt nicht nur einen Grund, warum die Menschen sprechen.

Ein kleines Kind brabbelt oft nur aus Spaß daran, Geräusche zu machen. Das ist auch ein Grund, warum Erwachsene sprechen. Und es gibt unzählbare andere.

Freud scheint immerzu von dem Gedanken beeinflußt zu sein, daß die Halluzination ungeheure geistige Kraft — *seelische Kraft* erfordere. ›Ein Traum findet sich niemals mit Halbheiten ab.‹ Und er glaubt, daß die einzige Kraft, die stark genug ist, diese Halluzinationen zu erzeugen, in den tiefsitzenden Wünschen der frühen Kindheit gefunden werden muß. Man könnte das in Frage stellen. Auch wenn es wahr wäre, daß Halluzinationen im wachen Zustand außergewöhnliche geistige Kraft erfordern - warum sollten Halluzinationen im Traum nicht völlig normal sein, ohne irgendwelche außergewöhnlichen Kräfte zu erfordern?

(Vergleiche die Frage: »Warum bestrafen wir Kriminelle? Aus einem Wunsch nach Rache? Um die Wiederholung des Verbrechens zu verhindern?« Und so weiter. Die Wahrheit ist, es gibt nicht nur einen Grund. Es ist üblich, Verbrecher zu bestrafen. Verschiedene Leute unterstützen das aus unterschiedlichen Gründen und aus verschiedenen Gründen in verschiedenen Fällen und zu verschiedenen Zeiten. Einige Leute unterstützen das aus Rachsucht, manche vielleicht aus einem Wunsch nach Gerechtigkeit heraus, manche, um die Wiederholung des Verbrechens zu verhindern, und so weiter. Und darum finden Bestrafungen statt.)

WITTGENSTEIN (Aufzeichnungen nach einem Gespräch, 1946. R.R.)

Ich bin mit H. Freuds *Traumdeutung* durchgegangen, und ich habe gespürt, wie sehr diese Denkweise zum Kampf herausfordert.

Wenn ich irgendeinen der Traumberichte (Berichte über seine eigenen Träume) betrachte, kann ich durch den Gebrauch freier Assoziation zu denselben Ergebnissen gelangen wie er selbst in seiner Analyse - obwohl es sich nicht um meinen Traum handelte. Und die Assoziation wird sich durch meine eigenen Erfahrungen fortsetzen, und so weiter.

Tatsache ist, daß, wann immer man von etwas völlig eingenommen ist, von irgendeiner Schwierigkeit oder von einem großen Problem im Leben, von Sex zum Beispiel, die Assoziation zuletzt und unausweichlich, egal wo man anfängt, zurück zu diesem Thema führt. Freud bemerkt, daß der Traum nach der Analyse so sehr logisch erscheint. Selbstverständlich tut er das.

Du könntest mit irgendeinem der Gegenstände auf diesem Tisch, die bestimmt nicht durch deine Traumaktivität dahin gelangt sind, beginnen, und du könntest herausfinden, daß sie sich nach einem ähnlichen Muster verknüpfen lassen; und das Muster wäre in gleicher Weise logisch.

Man mag durch diese Art der freien Assoziation in der Lage sein, gewisse Dinge über sich zu erfahren, aber sie erklärt nicht, wie es zu dem Traum gekommen ist.

Freud bezieht sich in diesem Zusammenhang auf verschiedene alte Mythen und behauptet, daß seine Forschungen nun erklärten, wie es dazu kam, daß sich jemand einen Mythos dieser Art erdacht hat oder ihn dargelegt hat.

In Wirklichkeit hingegen hat Freud etwas anderes getan. Er hat keine wissenschaftliche Erklärung eines Mythos gegeben. Er hat vielmehr einen neuen Mythos geschaffen. Der Reiz der Behauptung, zum Beispiel, daß alle Angst eine Wiederholung der Angst des Geburtstraumas ist, ist genau der Reiz einer Mythologie. »Es ist alles das Ergebnis von etwas lange Zurückliegendem.« Fast wie der Bezug auf ein Totem.

Fast das gleiche könnte über den Begriff einer ›Urszene‹ gesagt werden. Sie hat oft den Reiz eines tragischen Musters, das man seinem eigenen Leben gibt. Es ist alles die Wiederholung des Musters, das vor so langer Zeit festgelegt worden ist. Wie eine tragische Gestalt, die die Fügungen, die ihm das Schicksal bei seiner Geburt bestimmt hat, hinnimmt. Viele Menschen haben in einem gewissen Abschnitt ihres Lebens ernsthafte Probleme, so ernsthafte, daß sie zu Selbstmordgedanken führen. Das kann einem leicht als irgendwie widerlich erscheinen, als zu übel, um Gegenstand einer Tragödie zu sein. Und es mag dann eine ungeheure Erlösung sein, wenn gezeigt werden kann, daß das eigene Leben doch das Muster einer Tragödie aufweist – die tragische

Entfaltung und Wiederholung eines Musters, das durch die Urszene festgelegt ist.

Es gibt natürlich die Schwierigkeit, festzustellen, welche Szene
die Urszene ist, ob es die Szene ist, die der Patient als solche wie-
dererkennt, oder, ob es die ist, deren Erinnerung die Heilung bewirkt. In der Praxis werden diese Kriterien miteinander ver-
mischt.

Die Analyse richtet wahrscheinlich Schaden an. Denn obwohl
man in ihrem Verlauf einige Dinge über sich selbst entdeckt,
muß man einen sehr starken, scharfen und beharrlichen, kriti-
schen Verstand haben, um die Mythologie, die angeboten und
aufgezwungen wird, zu erkennen und zu durchschauen. Man ist
verleitet zu sagen »Ja, natürlich, so muß es sein.« Eine mächtige
Mythologie.

Vorlesungen über den religiösen Glauben

I

Ein österreichischer General sagte einmal zu jemandem: »Ich werde an Sie nach meinem Tod denken, wenn das möglich sein sollte.« Wir können uns eine Gruppe von Menschen vorstellen, die das lächerlich finden würde, eine andere, die das nicht lächerlich finden würde.

(Während des Krieges sah Wittgenstein, wie Hostien in Stahlbehältern transportiert wurden. Das machte auf ihn einen lächerlichen Eindruck.)

Angenommen, jemand glaubt an das Jüngste Gericht, ich dagegen nicht. Bedeutet das, daß ich das Gegenteil glaube, gerade, daß es so etwas nicht geben wird? Ich würde sagen: »Ganz und gar nicht, oder nicht in jedem Fall.«

Angenommen, ich sage, daß der Körper verrottet, und ein anderer sagt: »Nein. Einige Partikel werden sich in tausend Jahren wieder zusammenfügen, und du wirst auferstehen.«

Wenn jemand sagte: »Wittgenstein, glaubst du das?« würde ich sagen: »Nein.« — »Widersprichst du dem Mann?« Ich würde sagen: »Nein.«

Wenn du das sagst, besteht der Widerspruch schon darin.

Würdest du sagen: »Ich glaube das Gegenteil«, oder »Es gibt keinen Grund, so etwas anzunehmen«? Ich würde weder das eine noch das andere sagen.

Angenommen, jemand wäre gläubig und sagte: »Ich glaube an ein Jüngstes Gericht«, und ich sagte: »Nun, ich bin nicht sicher. Möglicherweise.« Du würdest sagen, daß es eine enorme Kluft zwischen uns gibt. Wenn er sagte: »Über uns befindet sich ein deutsches Flugzeug«, und ich sagte »Möglicherweise. Ich bin nicht sicher«, würdest du sagen, daß unsere Meinungen ziemlich dicht beieinander lägen.

Es ist nicht die Frage, ob ich ihm irgendwie nahe bin, sondern sie liegt auf einer ganz anderen Ebene, was du ausdrücken könntest, indem du sagtest: »Du meinst etwas ganz und gar anderes, Wittgenstein.«

Der Unterschied taucht vielleicht in der Erklärung der Bedeutung gar nicht auf.

Wie kommt es, daß ich in diesem Fall das Wesentliche nicht zu treffen scheine?

Angenommen, jemand machte es zum Leitgedanken seines Lebens, an das Jüngste Gericht zu glauben. Wann immer er etwas tut, ist das in seinen Gedanken. In gewisser Weise stellt sich die Frage, wie wir wissen können, ob wir sagen sollen, er glaube oder er glaube nicht daran?

Ihn zu fragen, reicht nicht. Er wird wahrscheinlich sagen, daß er Beweise hat. Aber er hat, was man einen unerschütterlichen Glauben nennen könnte. Dieser zeigt sich nicht durch Vernunftschlüsse oder durch Anruf von gewöhnlichen Glaubensgründen, sondern vielmehr dadurch, daß er sein ganzes Leben regelt.

Das ist eine sehr viel stärkere Tatsache: Vergnügungen zu entsagen, sich immer auf dieses Bild zu berufen. In gewissem Sinn muß das der stärkste Glaube genannt werden, denn der Mann riskiert um seinetwillen etwas, das er nicht für etwas riskieren würde, das für ihn weit besser gesichert ist. Obwohl er zwischen gut gesicherten und weniger gut gesicherten Dingen unterscheidet.

Lewy: Er würde sicherlich sagen, daß sein Glaube besonders gut gesichert ist.

Zunächst, er mag ihn vielleicht »gut gesichert« nennen oder auch nicht. Er wird diesen Glauben in einem Sinn als besonders gut gesichert betrachten, in einem anderen als überhaupt nicht gesichert.

Wenn wir glauben, dann berufen wir uns in bestimmten Fällen immer und immer wieder auf bestimmte Gründe – und gleichzeitig riskieren wir ziemlich wenig, wenn es dazu käme, daß wir unser Leben auf Grund dieses Glaubens riskieren müßten.

Es gibt Fälle, wo du einen Glauben hast, wo du sagst »Ich glaube«, und auf der anderen Seite beruht dieser Glaube nicht auf den Tatsachen, auf denen unsere gewöhnlichen Alltagsüberzeugungen normalerweise beruhen.

Wie können wir die verschiedenen Glaubenssätze miteinander vergleichen? Was würde es bedeuten, sie miteinander zu vergleichen?

Du könntest sagen: ›Wir vergleichen die Geisteszustände.‹

Wie vergleichen wir die Geisteszustände? Das reicht offenbar nicht für alle Umstände aus. Erstens wird das, was du sagst, nicht als Maßstab für die Festigkeit eines Glaubens betrachtet. Sondern, welches Risiko würdest du eingehen, zum Beispiel?

Die Stärke eines Glaubens ist nicht vergleichbar mit der Intensität eines Schmerzes.

Ein völlig anderer Weg, Glaube zu vergleichen, besteht darin zu sehen, welche Gründe jemand dafür gibt.

Ein Glaube ist nicht ein momentaner Zustand des Geistes. »Um 5 Uhr hatte er sehr heftige Zahnschmerzen.«

Stell dir zwei Menschen vor, von denen der eine an Vergeltung dachte, als er sich für eine Handlung entscheiden mußte, der andere nicht. Der eine könnte zum Beispiel geneigt sein, alles, was ihm geschieht, als Belohnung oder Bestrafung zu betrachten, der andere denkt überhaupt nicht daran.

Wenn er krank ist, so denkt er vielleicht: »Was habe ich getan, um das zu verdienen?« Das ist eine Art, an Vergeltung zu denken. Eine andere Art ist, wenn er in einer allgemeinen Weise immer, wenn er sich schämt, denkt: »Dafür werde ich bestraft.«

Denk dir zwei Menschen, von denen der eine über sein Verhalten und dem, was ihm zustößt, unter dem Gesichtspunkt der Vergeltung spricht, während der andere das nicht tut. Diese beiden denken völlig unterschiedlich. Und doch kann man bisher noch nicht sagen, daß sie verschiedene Dinge glauben.

Nimm an, jemand ist krank und sagt: »Das ist eine Strafe«, und ich sage: »Wenn ich krank bin, denke ich ganz und gar nicht an Strafe.« Wenn du sagst: »Glaubst du das Gegenteil?« – du kannst es das Gegenteil glauben nennen, aber es ist völlig verschieden von dem, was wir normalerweise das Gegenteil glauben nennen würden.

Ich denke anders, in einer anderen Weise. Ich sage mir andere Dinge, ich habe andere Bilder.

Es ist so: wenn jemand sagte: »Wittgenstein, du betrachtest

Krankheit nicht als Strafe, woran glaubst du dann?« – Ich würde sagen: »Ich habe keinerlei Gedanken an Strafe.«

Es gibt zum Beispiel zunächst diese völlig unterschiedlichen Denkweisen, die nicht dadurch ausgedrückt zu werden brauchen, daß der eine dies, der andere etwas anderes sagt.

Was wir an das Jüngste Gericht glauben oder nicht an das Jüngste Gericht glauben, nennen. – Der Ausdruck des Glaubens kann eine absolute Nebenrolle spielen.

Wenn du mich fragst, ob ich an das Jüngste Gericht glaube oder nicht, und zwar in dem Sinn, in dem religiöse Menschen daran glauben, so würde ich nicht sagen: »Nein, ich glaube nicht, daß es so etwas geben wird.« Es erschiene mir völlig verrückt, so etwas zu sagen.

Und dann gebe ich eine Erklärung: »Ich glaube nicht an...«, aber tatsächlich glaubt der religiöse Mensch niemals das, was ich beschreibe.

Ich kann es nicht sagen. Ich kann dieser Person nicht widersprechen.

In einem Sinn verstehe ich alles, was sie sagt – die deutschen Wörter »Gott«, »getrennt« usw. verstehe ich. Ich könnte sagen: »Daran glaube ich nicht«, und es wäre wahr in dem Sinn, daß ich diese Gedanken oder irgend etwas damit Zusammenhängendes nicht habe. Aber ich könnte der Sache nicht widersprechen.

Du könntest sagen: »Nun, wenn du ihm nicht widersprechen kannst, bedeutet das, daß du ihn nicht verstehst. Verstündest du ihn, dann könntest du es.« Das ist wieder Spanisch für mich. Meine gewöhnliche Sprachfähigkeit läßt mich im Stich. Ich weiß nicht, ob ich sagen soll, daß sie sich verstehen oder nicht.

Diese Auseinandersetzungen sehen ganz anders als normale Auseinandersetzungen aus. Die Begründungen sehen ganz anders aus als normale Begründungen.

Sie sind in gewisser Weise ziemlich unschlüssig.

Der Punkt ist, gäbe es einen Beweis, würde das tatsächlich die ganze Angelegenheit beenden.

Alles, was ich normalerweise Beweis nenne, hätte nicht den geringsten Einfluß auf mich.

Angenommen zum Beispiel, wir würden von Menschen wissen,

die die Zukunft vorhersehen, die Voraussagen für Ereignisse machen, die viele Jahre vor uns liegen; und sie beschrieben eine Art von Jüngstem Gericht. Erstaunlicherweise würde der Glaube daran, daß das geschieht, selbst wenn es so etwas gäbe und selbst wenn es viel überzeugender wäre als ich beschrieben habe, kein religiöser Glaube sein.

Angenommen, ich sollte mich aufgrund einer solchen Vorhersage aller Freuden enthalten. Wenn ich dies und das tue, wird mich jemand in tausend Jahren ins Feuer stecken usw. Ich würde nichts drum geben. Der beste wissenschaftliche Beweis bedeutet nichts.

Ein religiöser Glaube kann tatsächlich einer solchen Vorhersage eklatant widersprechen und sagen: »Nein, da wird sie zusammenbrechen.«

Der Glaube, so wie er aufgrund des Beweises formuliert wird, kann sozusagen nur das letzte Ergebnis sein, in dem sich eine Reihe von Denk- und Handlungsweisen kristallisieren und zusammenkommen.

Ein Mensch würde um sein Leben kämpfen, um nicht in das Feuer gezogen zu werden. Keine Einziehung. Schrecken. Das ist sozusagen Teil des Wesens des Glaubens.

Nicht zuletzt aus diesem Grund erlebt man in religiösen Auseinandersetzungen nicht die Art von Auseinandersetzung, wo der eine sich seiner Sache *sicher* ist, und der andere sagt: ›Nun, vielleicht.‹

Man könnte überrascht sein, daß denen, die an die Wiederauferstehung glauben, nicht die gegenüber stehen, die sagen: »Nun, vielleicht.«

Hier spielt der Glaube offenbar vielmehr diese Rolle: Angenommen, wir sagen, daß ein bestimmtes Bild immerfort die Rolle spielt, mich zu ermahnen, oder ich denke fortwährend an das Bild. Hier würde ein sehr großer Unterschied zwischen den Leuten bestehen, für die sich das Bild immer im Vordergrund befindet, und denen, die es überhaupt nicht nutzen.

Diejenigen, welche sagten »Vielleicht kann es passieren, vielleicht nicht«, befänden sich auf einer völlig anderen Ebene.

Das ist teilweise der Grund, warum wir zögern würden zu sagen:

»Diese Leute sind der strikten Meinung (oder Ansicht), daß es ein Jüngstes Gericht geben wird.« »Meinung« klingt seltsam.

Aus diesem Grund werden andere Wörter benutzt: ›Dogma‹, ›Glaube‹.

Wir sprechen nicht von Hypothesen oder von hoher Wahrscheinlichkeit. Auch nicht von Wissen.

In einem religiösen Diskurs benutzen wir Ausdrücke wie: »Ich glaube, dies und das wird geschehen«, und wir benutzen sie in anderer Art als in der Wissenschaft.

Dennoch besteht eine große Versuchung zu glauben, daß wir sie doch in gleicher Weise benutzen. Denn wir sprechen doch von Beweis, und wir sprechen von Erfahrungsbeweis.

Wir könnten sogar von historischen Ereignissen sprechen.

Es ist gesagt worden, daß das Christentum auf einer historischen Grundlage beruht.

Es ist tausendmal von intelligenten Menschen gesagt worden, daß die Unbezweifelbarkeit in diesem Fall nicht ausreicht. Selbst wenn es genauso viele Beweise wie für Napoleon gäbe. Denn die Unbezweifelbarkeit würde nicht ausreichen, mein ganzes Leben zu ändern.

Es beruht nicht auf einer historischen Grundlage in dem Sinn, daß der gewöhnliche Glaube an historische Tatsachen als Fundament dienen könnte.

Wir haben es hier mit einem Glauben an historische Tatsachen zu tun, der sich von dem Glauben an gewöhnliche historische Tatsachen unterscheidet. Hinzu kommt: die Glaubenssätze werden nicht wie historische, empirische Sätze behandelt.

Die gläubigen Menschen zweifeln nicht so, wie man normalerweise *jede* historischen Aussage, besonders aber Aussagen über eine weit zurückliegende Vergangenheit bezweifelt.

Was ist das Kriterium der Glaubwürdigkeit, Zuverlässigkeit? Angenommen, du gibst eine allgemeine Beschreibung, wann für dich eine Aussage ein vernünftiges Maß an Wahrscheinlichkeit hat. Wenn du sie vernünftig nennst, bedeutet das *nur*, daß du für sie die und die Beweise hast, und für andere Aussagen nicht?

Wir vertrauen zum Beispiel der Darstellung eines Ereignisses, die ein Betrunkener gibt, nicht.

Vater O'Hara[1] ist einer derjenigen, die daraus eine Frage der Wissenschaft gemacht haben.

Wir haben es hier mit Leuten zu tun, die diesen Beweis in anderer Weise behandeln. Sie gründen Dinge auf Beweise, die in einer Weise äußerst dünn erscheinen. Sie gründen enorm viel auf diese Beweise. Sage ich, daß sie unvernünftig sind? Ich würde sie nicht unvernünftig nennen.

Ich würde sagen, daß sie sicherlich nicht *vernünftig* sind, so viel ist klar.

›Unvernünftig‹ beinhaltet für jedermann einen Vorwurf.

Ich möchte sagen: sie behandeln das nicht als eine Sache von Vernünftigkeit.

Jeder, der die Apostelbriefe liest, findet es ausgesprochen: nicht nur ist der Glaube nicht vernünftig, er ist Torheit.

Nicht nur ist er nicht vernünftig, er gibt auch nicht vor, vernünftig zu sein.

Was mir an O'Hara lächerlich vorkommt, ist, daß er ihn *vernünftig* erscheinen läßt.

Warum sollte nicht eine Lebensform in einer Äußerung des Glaubens an ein Jüngstes Gericht kulminieren? Aber ich könnte zu der Behauptung, daß es so etwas geben wird, weder »Ja« noch »Nein« sagen. Auch nicht »Vielleicht«, und auch nicht »Ich bin nicht sicher«.

Es handelt sich um eine Behauptung, auf die wohl keine dieser Entgegnungen erlaubt ist.

Wenn Mr. Lewy religiös ist, und er sagt, daß er an das Jüngste Gericht glaubt, dann wüßte ich nicht einmal, ob ich behaupten kann, ihn zu verstehen oder nicht. Ich habe das gleiche wie er gelesen. In einem höchst wichtigen Sinn weiß ich, was er meint.

Wenn ein Atheist sagt: »Es wird kein Jüngstes Gericht geben« und jemand anders sagt, daß es eines geben wird, meinen sie dasselbe? Es ist nicht klar, was das Kriterium für ›dasselbe meinen‹ ist. Sie könnten dieselben Dinge beschreiben. Man könnte sagen, daß das bereits zeigt, daß sie dasselbe meinen.

Wir kommen auf eine Insel, und wir finden dort Glauben vor,

---

[1] Beitrag zu einem Symposium über *Science and Religion* (London: Gerald Howe, 1931, S. 107-116).

und gewisse Glaubenssätze würden wir religiös nennen wollen. Worauf ich hinaus will ist, daß Glaubenssätze nicht... Sie haben Sätze, und es gibt außerdem religiöse Aussagen.

Diese Aussagen würden sich nicht nur hinsichtlich dessen, wovon sie handeln, unterscheiden. Völlig verschiedene Zusammenhänge würden sie zu religiösen Glaubenssätzen machen, und man kann sich leicht Übergänge vorstellen, wo wir um unser Leben nicht wüßten, ob wir sie religiöse oder wissenschaftliche Sätze nennen sollten.

Man kann sagen, daß sie falsche Schlüsse ziehen.

In bestimmten Fällen würdest du sagen, daß sie falsche Schlüsse ziehen, was bedeutet, daß sie uns widersprechen. In anderen Fällen würdest du sagen, daß sie überhaupt keine Schlüsse ziehen oder: »Es handelt sich um eine völlig andere Art des Denkens.« Das erstere würdest du in dem Fall sagen, wo sie auf ähnliche Weise wie wir schlußfolgern und etwas machen, was unseren eigenen Fehlern entspricht.

Ob etwas ein Fehler ist oder nicht – es ist ein Fehler in einem bestimmten System. Genauso wie etwas ein Fehler in einem bestimmten Spiel ist und nicht in einem anderen.

Du könntest auch sagen, wo wir vernünftig sind, sind sie nicht vernünftig, was bedeuten würde, daß sie hier die *Vernunft* nicht gebrauchen.

Wenn sie etwas machten, was einem unserer Fehler sehr ähnlich ist, würde ich sagen, ich weiß nicht. Es hängt von den weiteren Umständen ab.

In den Fällen, in denen der Anschein des Versuchs, vernünftig zu sein, entsteht, ist es schwer zu beurteilen.

Ich würde O'Hara ganz bestimmt unvernünftig nennen. Ich würde sagen, wenn das religiöser Glaube ist, dann ist alles Aberglaube.

Aber ich würde mich darüber lustig machen, nicht dadurch, daß ich sage, daß der Glaube auf unzureichende Beweise gegründet ist. Ich würde sagen: wir haben es hier mit einem Mann zu tun, der sich selbst betrügt. Man kann sagen: dieser Mann macht sich lächerlich, weil er glaubt und seinen Glauben mit schwachen Gründen stützt.

II

Das Wort ›Gott‹ gehört zu den frühesten, die gelernt werden — Bilder und Katechismen usw. Aber nicht mit den gleichen Folgen wie bei Bildern von Tanten. Man hat mir das [was die Bilder abbilden] nicht gezeigt. Das Wort wird benutzt wie ein Wort, das eine Person repräsentiert. Gott sieht, belohnt etc.

»Hast du verstanden, was dieses Wort bedeutet, nachdem man dir all diese Gegenstände gezeigt hat?« Ich würde sagen: »Ja und nein. Ich habe gelernt, was es nicht bedeutet. Ich habe mich dazu gebracht zu verstehen. Ich könnte Fragen beantworten, in verschiedener Weise gestellte Fragen verstehen — und in diesem Sinn könnte gesagt werden, daß ich verstanden habe.«

Wenn die Frage nach der Existenz von Göttern oder Gott auftaucht, dann spielt das eine gänzlich andere Rolle als die Frage nach der Existenz irgendeiner Person oder irgendeines Gegenstandes, von der oder dem ich je gehört hätte. Man sagte, man mußte sagen, daß man an die Existenz *glaubte*, und wenn man nicht glaubte, wurde das als etwas Schlechtes angesehen. Normalerweise hätte niemand gedacht, daß etwas nicht in Ordnung wäre, wenn ich nicht an die Existenz von etwas glaubte.

Zudem gibt es diesen außergewöhnlichen Gebrauch des Wortes ›glauben‹. Man spricht von Glauben und gleichzeitig gebraucht man ›glauben‹ nicht, wie man es gewöhnlich tut. Man könnte (im gewöhnlichen Gebrauch) sagen »Du glaubst nur? — Nun dann...« Hier wird das Wort ganz anders gebraucht. Auf der anderen Seite wird es nicht so gebraucht, wie wir gewöhnlich das Wort ›wissen‹ gebrauchen.

Selbst wenn ich mich nur vage daran erinnere, was mir über Gott beigebracht worden ist, könnte ich sagen: »Was immer Glaube an Gott sein mag, es kann kein Glaube an etwas, was wir prüfen können, oder für das wir Prüfmethoden finden könnten, sein.« Du könntest sagen: »Das ist Unsinn, denn die Menschen sagen, sie glauben aufgrund von *Beweisen*, oder sie sagen, sie glauben aufgrund religiöser Erlebnisse.« Ich würde antworten: »Die bloße Tatsache, daß jemand sagt, daß sie aufgrund von Be-

weisen glauben, verrät mir nicht genug, um nun in der Lage zu
sein, zu sagen, ob ich von einem Satz wie ›Gott existiert‹ sagen
kann, daß dein Beweis unbefriedigend oder nicht hinreichend
ist.«

Angenommen, ich kenne jemanden namens Smith. Ich habe gehört, daß er in einer Schlacht im Krieg getötet wurde. Eines Tages kommst du und sagst: »Smith ist in Cambridge.« Ich hake
nach und finde heraus, daß du bei der Guildhall gestanden und
am anderen Ende einen Mann gesehen hast, und daß du gesagt
hast: »Das war Smith.« Ich würde sagen: »Hör' zu, das ist kein
ausreichender Beweis.« Wenn wir ein ziemliches Maß an Beweisen für seinen Tod hätten, würde ich versuchen, dich dazu zu
bringen, zuzugeben, leichtgläubig zu sein. Angenommen, man
hört nie wieder etwas von ihm. Unnötig zu sagen, daß es ganz
unmöglich ist, Nachforschungen anzustellen: »Wer überquerte
um fünf nach Zwölf Market Place in Richtung Rose Crescent?«
Angenommen, du sagst: »Er war da!« Ich wäre höchst verwun-
dert.

Angenommen, es gibt ein Fest auf der Mid-Summer Gemeinde-
wiese. Eine Menge Leute stehen im Kreis herum. Angenommen,
das passiert jedes Jahr, und dann sagt jeder, er hätte einen seiner
toten Verwandten auf der anderen Seite des Kreises gesehen. In
diesem Fall könnten wir jeden im Kreis befragen. »Wen hieltest
du an der Hand?« Trotzdem würden wir alle sagen, daß wir an
diesem Tag unseren toten Verwandten sehen. Du könntest in
diesem Fall sagen: »Ich hatte ein außergewöhnliches Erlebnis. Ich
hatte ein Erlebnis, das ich dadurch beschreiben kann, daß ich
sage: ›Ich sah meinen toten Cousin‹.« Würden wir sagen, daß du
das aufgrund unzureichender Beweise sagst? Unter gewissen Umständen würde ich das sagen, unter anderen nicht. Wenn das,
was gesagt wird, ein wenig absurd klingt, würde ich sagen: »Ja, in
diesem Fall − unzureichender Beweis.« Wenn es ganz und gar
absurd ist, würde ich das nicht.

Angenommen, ich fahre an einen Ort wie Lourdes in Frankreich.
Angenommen, ich fahre mit einer sehr leichtgläubigen Person.
Wir sehen dort, wie Blut aus etwas heraus fließt. Er sagt: »Da
siehst du es, Wittgenstein. Wie kannst du zweifeln?« Ich würde

sagen: »Kann das nur auf eine Weise erklärt werden? Kann es nicht so oder so sein?« Ich würde versuchen, ihn davon zu überzeugen, daß er nichts von Bedeutung gesehen hat. Ich frage mich, ob ich das unter allen Umständen tun würde. Ich weiß aber bestimmt, daß ich es unter normalen Umständen tun würde.

»Sollte man das aber nicht doch in Erwägung ziehen?« Ich würde sagen: »Nun komm schon.« Ich würde das Phänomen in diesem Fall genauso behandeln wie ein Laborexperiment, von dem ich glaube, daß es schlecht durchgeführt worden ist.

»Die Waage bewegt sich, wenn ich es will.« Ich weise darauf hin, daß sie nicht verdeckt ist, daß ein Luftzug sie bewegen kann usw.

Ich könnte mir jemanden vorstellen, der einen sehr leidenschaftlichen Glauben an ein solches Phänomen zeigt, und ich könnte seinem Glauben keineswegs dadurch nahekommen, daß ich sage: »Das könnte genausogut so und so zustande gekommen sein«, denn er würde das für Blasphemie meinerseits halten. Oder er könnte sagen: »Es ist möglich, daß diese Priester betrügen, aber dennoch ereignet sich – in einem anderen Sinn – ein wunderbares Phänomen.«

Ich besitze eine Statue, die an dem und dem Tag im Jahr blutet. Ich habe rote Tinte usw. »Du bist ein Betrüger, aber nichtsdestominder benutzt die Gottheit dich. Rote Tinte in einem Sinn, aber keine rote Tinte in einem anderen Sinn.«

Vgl. Blumen bei einer Seance mit Preisschild. Die Leute sagten: »Ja, die Blumen materialisierten mit einem Preisschild.« Welche Art von Umständen müssen herrschen, um diese Art von Geschichte nicht lächerlich erscheinen zu lassen?

Ich bin leidlich gut gebildet, wie ihr alle, und darum weiß ich, was mit unzureichender Grundlage für eine Vorhersage gemeint ist. Angenommen, jemand träumt vom Jüngsten Gericht und sagte nun, er wisse jetzt, wie es sein werde. Angenommen, jemand sagte: »Das ist ein schwacher Beweis.« Ich würde sagen: »Wenn man es mit dem Beweis dafür, daß es morgen regnen wird, vergleicht, ist es gar kein Beweis.« Er mag es so klingen lassen, als ob man mit einer Erweiterung des Begriffs von Beweis sprechen könnte. Aber als Beweis ist es wohl mehr als lächerlich.

Aber nun wäre ich bereit zu sagen: »Du gründest deinen Glauben auf, gelinde gesagt, dürftigen Beweisen.« Warum sollte ich diesen Traum als Beweis betrachten, seine Gültigkeit bewerten, so wie ich die Gültigkeit von Beweisgründen für meterologische Ereignisse bewerte?

Wenn du es mit irgend etwas in der Wissenschaft vergleichst, was wir Beweis nennen, dann kannst du nicht glauben, daß irgendjemand ernsthaft argumentiert: »Nun, ich hatte diesen Traum... und darum... Jüngstes Gericht.« Du könntest sagen: »Für einen Fehler ist das zu groß.« Wenn du plötzlich Zahlen an die Tafel schreibst und dann sagst: »Nun werde ich addieren«, und dann sagst: »2 und 21 ist 13«, usw., dann würde ich sagen: »Das ist kein Fehler.«

Es gibt Fälle, wo ich sagen würde, daß er verrückt ist oder sich einen Spaß macht. Und dann könnte es Fälle geben, wo ich nach gänzlich anderen Deutungen suchen würde. Um die Erklärung zu finden, müßte ich die Summe sehen, müßte ich sehen, wie sie gebildet wird, was für ihn daraus folgt, unter welchen verschiedenen Umständen er sie bildet usw.

Was ich sagen will, wenn ein Mann mir nach einem Traum sagt, daß er an das Jüngste Gericht glaubt, würde ich versuchen herauszufinden, welche Art von Eindruck er erhalten hat. Eine Einstellung: »Es wird in ungefähr 2000 Jahren stattfinden. Es wird schlecht für den und den und den sein usw.« Oder es ist eine des Schreckens. Im Fall, wo es Hoffnung, Schrecken usw. gibt, würde ich sagen, daß es sich um ungenügende Beweise handelt, wenn er sagt: »Ich glaube... «? Ich kann diese Worte nicht so behandeln wie ich normalerweise ›Ich glaube dies und das‹ behandle. Es wäre ganz und gar verfehlt, und genauso wäre es irrelevant, wenn er sagte, daß sein Freund so und so und sein Großvater den Traum gehabt hätten und darum glaubten.

Ich würde nicht sagen: »Wenn ein Mann sagte, er habe geträumt, daß es morgen geschehe, würde er dann seinen Mantel mitnehmen?« usw.

Der Fall, in dem Lewy Visionen seines toten Freundes hat. Fälle, in denen du nicht versuchst, ihn zu finden. Und der Fall, in dem du ihn in einer geschäftsmäßigen Art zu finden versuchst. Ein weiterer Fall, wo ich sagen würde: »Wir können voraussetzen, daß wir eine breite Basis an Übereinstimmung haben.«

Gewöhnlich ist es so, wenn du sagst: »Er ist tot« und ich sage »Er ist nicht tot«, würde niemand sagen »Meinen sie mit ›tot‹ dasselbe?« In dem Fall, wo ein Mann Visionen hat, würde ich nicht von vornherein sagen: »Er meint etwas anderes«.

Vgl. jemand, der an Verfolgungsangst leidet.

Was ist das Kriterium dafür, etwas anderes zu meinen? Nicht nur, was er als Beweis annimmt, sondern auch wie, er reagiert, daß er erschreckt ist usw.

Wie kann ich herausfinden, ob dieser Satz als eine empirische Aussage betrachtet werden muß: ›Du wirst deinen toten Freund wiedersehen‹? Würde ich sagen: »Er ist ein wenig abergläubisch.« Keineswegs.

Er könnte apologetisch gewesen sein. (Der Mann, der es kategorisch behauptet, ist intelligenter als der, der sich apologetisch verhalten hat.)

Wiederum ›Einen toten Freund sehen‹ bedeutet nicht sehr viel für mich. Ich denke nicht in diesen Bahnen. Ich sage mir selbst nie: »Ich werde so und so wiedersehen.«

Er sagt es immerzu, aber er begibt sich nicht auf die Suche. Er lächelt dabei seltsam. »Seine Geschichte hatte einen traumartigen Charakter.« Meine Antwort in diesem Fall wäre: »Ja«, und eine bestimmte Erklärung.

Nehmen wir »Gott erschuf den Menschen«. Bilder von Michelangelo, die die Erschaffung der Welt darstellen. Im allgemeinen gibt es nichts, was die Bedeutung von Wörtern so gut erklärt wie ein Bild, und ich vermute, daß Michelangelo so gut war, wie irgendjemand nur sein kann, und daß er sein Bestes gab, und hier ist nun das Bild von der Gottheit, die Adam erschafft.

Wenn wir es sähen, würden wir bestimmt nicht glauben, es mit der Gottheit zu tun zu haben. Das Bild muß in einer ganz anderen Art gebraucht werden, wenn wir den Mann in dem merkwürdigen Laken ›Gott‹ nennen sollen und so weiter. Du könntest dir vorstellen, daß die Religion mit Hilfe dieser Bilder gelehrt würde. »Natürlich, wir können uns nur mit Hilfe der Bilder ausdrücken.« Das ist sehr seltsam... Ich könnte Moore die Bilder einer tropischen Pflanze zeigen. Es gibt eine Technik des Vergleichs zwischen Bild und Pflanze. Wenn ich ihm das Bild von Michelangelo zeigte und sagte: »Ich kann dir natürlich nicht den richtigen Sachverhalt zeigen, nur dieses Bild«... Die Absurdität besteht darin, daß ich ihm nie die Technik, dieses Bild zu gebrauchen, beigebracht habe.

Es ist ziemlich klar, daß die Rolle von Bildern mit biblischem Inhalt völlig verschieden von der Rolle des Bildes ist, auf dem Gott Adam erschafft. Du könntest die Frage stellen: »Glaubte Michelangelo wirklich, daß Noah in der Arche so aussah und daß Gott bei der Erschaffung Adams so aussah?« Er hätte nicht behauptet, daß Gott oder Adam so wie auf dem Bild aussahen. Wenn wir eine Frage stellten wie »Meint Lewy *wirklich* das gleiche, was so und so meint, wenn er sagt, daß so und so noch lebt?« – dann könnte es scheinen, als gäbe es nur zwei scharf voneinander getrennte Fälle, und in dem einen würde er sagen, er habe es nicht wörtlich gemeint. Ich möchte sagen, daß das nicht so ist. Es wird Fälle geben, wo wir unterschiedlicher Meinung sind und dies keineswegs etwas mit mehr oder weniger Wissen zu tun hat, und wo wir darum nicht zur Übereinstimmung gelangen werden. Manchmal wird es eine Frage der Erfahrung sein, so daß du sagen kannst: »Warte noch 10 Jahre.« Und ich würde sagen: »Ich möchte diese Denkweise ablehnen«, während Moore sagen würde: »Ich möchte sie nicht ablehnen.« Das heißt, man würde etwas *tun*. Wir würden uns für eine Seite entscheiden, und das geht soweit, daß es wirklich einen großen Unterschied zwischen uns ausmachen würde, was schließlich dazu führen könnte, daß Mr. Lewy sagt: »Wittgenstein versucht, die Vernunft zu unterminieren« und das wäre nicht einmal falsch. An diesem Punkt stellen sich tatsächlich diese Fragen.

III

Heute sah ich ein Plakat mit der Aufschrift: »›Toter‹ Student spricht.« Die Anführungszeichen bedeuten: »Er ist nicht wirklich tot.« »Er ist nicht das, was die Leute tot nennen. Sie gebrauchen ›tot‹ nicht ganz korrekt.«
Wir sprechen nicht von »Tür« in Anführungszeichen.
Mir kam plötzlich der Gedanke: »Wenn jemand sagte: ›Obwohl er nach den gewöhnlichen Kriterien tot ist, ist er nicht wirklich tot‹, könnte ich dann nicht auch sagen »Er ist nicht nur nach den gewöhnlichen Kriterien tot; er ist das, was wir alle ›tot‹ nennen«?
Wenn du ihn nun ›lebendig‹ nennst, dann gebrauchst du die Sprache in eigenartiger Weise, denn du erzeugst beinahe absichtlich Mißverständnisse. Warum benutzt du nicht ein anderes Wort und beläßt »tot« die Bedeutung, die es bereits hat?
Nimm an, jemand sagt: »Es hatte nicht immer diese Bedeutung. Nach der alten Bedeutung ist er nicht tot« oder »Er ist nicht tot nach der alten Vorstellung.«
Was bedeutet es, verschiedene Vorstellungen vom Tod zu haben?
Angenommen, du sagst: »Ich habe die Vorstellung, nach meinem Tod ein Stuhl zu sein« oder »Ich habe die Vorstellung, daß ich in einer halben Stunde ein Stuhl bin.« – Ihr alle wißt, unter welchen Umständen wir davon sprechen, daß etwas zu einem Stuhl geworden ist.
Vgl. (1) »Dieser Schatten wird aufhören zu existieren.«
(2) »Dieser Stuhl wird aufhören zu existieren.« Ihr sagt, daß ihr wißt, was es heißt, wenn dieser Stuhl aufhört zu existieren. Aber ihr müßt darüber nachdenken. Ihr könntet zu dem Schluß kommen, daß es für diesen Satz keinen Gebrauch gibt. Ihr denkt an den Gebrauch.
Ich stelle mich auf dem Sterbebett liegend vor. Ich stelle mir vor, wie ihr alle in die Luft über mich schaut. Ihr sagt: »Du hast eine Vorstellung.«
Seid ihr euch klar darüber, wann ihr sagen würdet, daß ihr aufgehört habt zu existieren?

Ihr habt sechs verschiedene Vorstellungen [von ›aufhören zu existieren‹] zu verschiedenen Zeiten.

Wenn du sagst: »Ich kann mir vorstellen, ein körperloser Geist zu sein. Wittgenstein, kannst du dich als körperlosen Geist vorstellen?« — Ich würde sagen: »Es tut mir leid. Ich kann [bis jetzt] nichts mit diesen Worten verbinden.«

Ich verbinde alle Arten von komplizierten Dingen mit diesen Worten. Ich denke daran, was die Menschen über die Leiden nach dem Tode gesagt haben usw.

»Ich habe zwei verschiedene Vorstellungen, die eine, daß ich nach dem Tod aufhöre zu existieren, die andere, ein körperloser Geist zu sein.«

Was bedeutet es, zwei verschiedene Vorstellungen zu haben? Was ist das Kriterium dafür, daß jemand die eine Vorstellung, ein anderer eine andere Vorstellung hat?

Du gebrauchst mir gegenüber zwei Ausdrücke: »aufhören zu existieren« und »ein körperloser Geist sein«. »Wenn ich das sage, stelle ich mir vor, eine bestimmte Menge von Erlebnissen zu haben.« Was bedeutet es, sich das vorzustellen?

Wenn du an deinen Bruder in Amerika denkst, woher weißt du dann, daß das, woran du denkst, dein Bruder in Amerika ist, daß dies der Gedanke in dir ist? Ist das eine Erfahrungssache?

Vgl. Woher weißt du, daß das, was du möchtest, ein Apfel ist? [Russell].

Woher weißt du, daß du glaubst, daß dein Bruder in Amerika ist?

Vielleicht würde dich ein Pfirsich zufriedenstellen. Aber du würdest nicht sagen: »Was ich wollte, war ein Apfel.«

Angenommen, wir sagen, daß der Gedanke eine Art von Prozeß in seinem Geist ist, oder darin besteht, daß er etwas sagt usw., dann könnte ich sagen: »In Ordnung, du nennst dies einen Gedanken an deinen Bruder in Amerika, gut, aber was ist die Verbindung zwischen diesem Gedanken und deinem Bruder in Amerika?«

Lewy: Man könnte sagen, daß es eine Frage der Konvention ist.

Warum bezweifelst du nicht, daß es sich um einen Gedanken an deinen Bruder in Amerika handelt?

Ein Prozeß [der Gedanke] scheint ein Schatten oder ein Bild von etwas anderem zu sein.

Woher weiß ich, daß ein Bild von Lewy ein Bild von Lewy ist? – Normalerweise durch seine Ähnlichkeit zu Lewy, aber unter gewissen Umständen sieht es vielleicht nicht Lewy, sondern Smith ähnlich. Wenn ich die Angelegenheit des Ähnlichsehens [als Kriterium] aufgebe, dann begebe ich mich in einen schlimmen Schlamassel, denn dann kann, eine bestimmte Methode der Projektion vorausgesetzt, alles sein Portrait sein.

Wenn du gesagt hast, daß der Gedanke in gewisser Weise ein Bild seines Bruders in Amerika ist – Ja, aber nach welcher Projektionsmethode ist es ein Bild davon? Wie seltsam, daß es keinen Zweifel geben sollte, wovon es ein Bild ist.

Wenn du gefragt wirst: »Woher weißt du, daß es ein Gedanke über dies und das ist?«, dann ist der Gedanke, der dir sofort kommt, der eines Schattens, eines Bildes. Man denkt nicht an eine kausale Relation.

Die Art von Relation, an die du denkst, kann am besten mit »Schatten« oder »Bild« ausgedrückt werden.

Das Wort »Bild« ist sogar ganz richtig, in vielen Fällen ist es sogar selbst im gewöhnlichsten Sinn ein Bild. Man könnte meine eigenen Worte in ein Bild übersetzen.

Was ist die Verbindung zwischen diesen Worten oder irgend etwas, was dafür eingesetzt werden könnte, und meinem Bruder in Amerika?

Die erste Idee [die du hast] ist die, daß du deine eigenen Gedanken betrachtest und absolut sicher bist, daß es sich um einen Gedanken, daß so und so handelt. Du betrachtest ein geistiges Phänomen und sagst dir selbst: »Offenbar ist dies ein Gedanke an meinen Bruder in Amerika«. Es scheint ein Super-Bild zu sein. Bei dem Gedanken, scheint es, kann es überhaupt keinen Zweifel geben. Bei einem Bild hängt es immer noch von der Methode der Projektion ab, hier hingegen scheint es, als benötigtest du keine Abbildungsbeziehung, um absolut sicher zu sein, daß dies ein Gedanke darüber ist.

Smythies Verwirrung beruht auf der Vorstellung eines Super-Bildes.

Wir haben einmal davon gesprochen, wie die Vorstellung von bestimmten Superlativen in der Logik auftauchte, die Vorstellung einer Super-Notwendigkeit usw.

»Woher weiß ich, daß dies der Gedanke an meinen Bruder in Amerika ist?« – das, *was* der Gedanke ist?

Angenommen, mein Gedanke besteht daraus, daß ich *sage*: »Mein Bruder ist in Amerika.« Woher weiß ich, daß ich *sage*, daß mein Bruder in Amerika ist?

Wie wird die Verbindung hergestellt? Wir stellen uns zunächst eine Verbindung wie durch Fäden vor.

Lewy: Die Verbindung ist eine Konvention. Das Wort bezeichnet etwas.

Du mußt »bezeichnen« durch Beispiele erklären. Wir haben eine Regel, eine Praxis gelernt.

Ist das Denken an etwas so ähnlich wie malen oder auf etwas schießen?

Es sieht aus wie eine Projektionsverbindung, die es unbezweifelbar zu machen scheint, aber es gibt überhaupt keine Projektionsrelation.

Wenn ich sage »Mein Bruder ist in Amerika«, könnte ich mir Strahlen vorstellen, die meine Worte zu meinem Bruder nach Amerika projizieren. Aber wenn nun mein Bruder nicht in Amerika ist? – Dann treffen die Strahlen auf nichts.

[Wenn du sagst, daß sich die Wörter dadurch auf meinen Bruder beziehen, daß sie die Proposition, daß mein Bruder in Amerika ist, ausdrücken, so daß die Proposition das Bindeglied zwischen den Wörtern und dem, worauf sie sich beziehen ist] – was hat die Proposition, das Bindeglied, mit Amerika zu tun?

Der wichtigste Punkt ist folgender: wenn du von Malerei usw. sprichst, dann ist deine Vorstellung, daß die Verbindung *jetzt* existiert; es scheint darum, als würde die Verbindung bestehen, solange ich diese Gedanken habe.

Wenn ich hingegen sage, daß die Verbindung eine Konvention ist, macht es keinen Sinn zu sagen, daß sie existiert, während wir denken. Es gibt eine Verbindung durch Konvention. – Was meinen wir damit? – Diese Verbindung bezieht sich auf Ereignisse, die zu verschiedenen Zeitpunkten stattfinden. Vor allem bezieht sie sich auf eine Technik.

[»Ist das Denken etwas, was zu einer bestimmten Zeit vor sich geht, oder breitet es sich über die Wörter aus?« »Es kommt wie ein Blitz.« »Immer? – Manchmal kommt es blitzartig, aber das kann alles mögliche bedeuten.«]

Wenn es sich auf eine Technik bezieht, dann kann es in bestimmten Fällen nicht genug sein, in wenigen Worten zu erklären, was du meinst; denn es gibt etwas, was man für im Widerspruch zu der Vorstellung, daß etwas zwischen sieben und halb acht vor sich geht, halten kann, nämlich die Praxis des Gebrauchs [des Ausdrucks].

Als wir über »So und so ist ein Automat« sprachen, da war die starke Faszination dieser Ansicht [auf der Vorstellung begründet], daß du sagen konntest: »Nun, ich weiß, was ich meine« ..., als würdest du beobachten, wie etwas geschieht, während du das sagst, völlig unabhängig von dem, was vor und nach der Anwendung [des Ausdrucks] passierte. Es sah aus, als könntest du davon reden, ein Wort zu verstehen, ohne einen Bezug auf die Technik seines Gebrauchs. Es sah aus, als könnte Smythies sagen, er verstünde den Satz, und daß wir darauf nichts zu sagen hätten.

Was bedeutete es, verschiedene Vorstellungen vom Tod zu haben? Was ich meinte war: Bedeutet eine Vorstellung vom Tod zu haben etwas wie ein bestimmtes Bild zu haben, so daß du sagen kannst »Ich habe eine Vorstellung vom Tod von fünf bis zehn nach fünf usw.«? »Ich habe jetzt eine bestimmte Vorstellung, in welcher Weise auch immer irgend jemand dieses Wort gebraucht«. Wenn du das »eine Vorstellung haben« nennst, dann ist das nicht das, was man normalerweise »eine Vorstellung haben« nennt, denn was man normalerweise »eine Vorstellung haben« nennt, hat einen Bezug zu der Technik des Wortes etc.

Wir alle gebrauchen das Wort »Tod«, es ist ein öffentliches Werkzeug, das von einer ganzen Technik [des Gebrauchs] umgeben ist. Plötzlich sagt jemand, daß er eine Vorstellung vom Tod hat. Etwas seltsam, denn du könntest sagen: »Du gebrauchst das Wort ›Tod‹, das ein auf bestimmte Weise funktionierendes Werkzeug ist.«

Wenn du diese [deine Vorstellung] als etwas Privates behandelst, mit welchem Recht bezeichnest du es dann als eine Vorstellung vom Tod? – Ich sage das, weil wir genauso ein Recht haben zu sagen, was eine Vorstellung vom Tod ist.

Er könnte sagen: »Ich habe meine eigene private Vorstellung vom Tod« – warum das eine ›Vorstellung vom Tod‹ nennen, wenn es nicht etwas ist, das du mit dem Tod verbindest. Obwohl uns dies [deine ›Vorstellung‹] nicht im geringsten interessieren braucht. [In diesem Fall] gehört es nicht zu dem Spiel, das wir mit ›Tod‹ spielen, ein Spiel, das wir alle kennen und verstehen.

Wenn das, was er »Vorstellung von Tod« nennt, eine Rolle spielen soll, muß es Teil unseres Spiels werden.

›Meine Vorstellung vom Tod ist die Trennung der Seele vom Körper.‹ – wenn wir wissen, was mit diesen Worten anzufangen ist. Er kann auch sagen: »Ich verbinde mit dem Wort ›Tod‹ ein bestimmtes Bild – eine Frau in ihrem Bett liegend« – dies kann von einigem Interesse sein oder auch nicht.

Wenn er

mit Tod verbindet, und dies seine Vorstellung war, dann könnte das psychologisch interessant sein.

»Die Trennung von Seele und Körper« [war nur von öffentlichem Interesse.] Das kann sich wie ein schwarzer Vorhang verhalten oder auch nicht. Ich müßte herausfinden, was die Konsequenzen davon sind [daß du das sagst]. Ich bin mir, zumindest im Moment, nicht darüber im Klaren. [Du sagst dies] – »Na und?« – Ich kenne diese Worte, ich habe bestimmte Bilder. Alles mögliche geht mit diesen Worten einher.

Wenn er das sagt, weiß ich noch nicht, welche Konsequenzen er ziehen wird. Ich weiß nicht, wogegen er das richtet.

Lewy: Man setzt es dem Ausgelöschtwerden entgegen.

Wenn du zu mir sagst: »Wirst du aufhören zu existieren?« — wäre ich verwirrt und wüßte nicht genau, was das bedeuten soll. »Wenn du nicht aufhörst zu existieren, wirst du nach dem Tode leiden.« Da beginne ich, Vorstellungen zu verbinden, vielleicht ethische Vorstellungen von Verantwortlichkeit.

Der Punkt ist, obwohl es sich um gut bekannte Wörter handelt und obwohl ich von einem Satz zum nächsten oder zu einem Bild gelange, [weiß ich nicht, welche Konsequenzen du aus dieser Aussage ziehst].

Angenommen, jemand sagt: »Woran glaubst du, Wittgenstein? Bist du ein Skeptiker? Weißt du, ob du den Tod überleben wirst?« Ich würde dann wirklich, das ist eine Tatsache, sagen: »Ich kann es nicht sagen. Ich weiß es nicht«, denn ich habe keine klare Vorstellung von dem, ich sage, wenn ich sage: »Ich höre nicht auf zu existieren«, etc.

Spiritisten nehmen eine Art von Verbindung vor.

Ein Spiritist sagt »Erscheinung« etc. Obwohl er mir damit ein Bild gibt, das ich nicht mag, erhalte ich doch eine klare Vorstellung. Ich weiß soviel, daß manche Menschen mit diesem Ausdruck eine bestimmte Art von Verifikation verbinden. Ich weiß, daß andere, religiöse Menschen z.B., das nicht tun, sie denken nicht an Verifikation, sondern haben gänzlich andere Vorstellungen.

Ein bedeutender Schriftsteller hat einmal gesagt, daß ihm als Kind sein Vater eine Aufgabe gestellt hat, und daß er plötzlich gefühlt hat, daß nichts, nicht einmal der Tod, ihm die Verantwortung [die Aufgabe zu erfüllen] nehmen können würde; es war seine Pflicht, sie zu erfüllen, und nicht einmal der Tod konnte ihn daran hindern, seine Pflicht zu tun. Er sagte, daß dies in gewisser Weise ein Beweis der Unsterblichkeit der Seele sei, denn wenn die weiterlebte [würde die Verantwortung nicht sterben]. Die Vorstellung wird durch das, was wir den Beweis nennen, gegeben. Nun, wenn dies die Vorstellung ist [in Ordnung].

Wenn ein Spiritist *mir* eine Vorstellung von dem, was er mit ›Überleben‹ meint oder nicht meint, geben will, kann er alles mögliche sagen —

[Wenn ich ihn frage, welche Vorstellung er hat, kann mir entgegnet werden, was die Spiritisten sagen, oder was der Mann, den ich zitiert habe, sagte etc., etc.]

Ich würde zumindest [im Fall des Spiritisten] eine Vorstellung haben, womit der Satz verknüpft ist, und wenn ich sehe, was er mit dem Satz tut, erhalte ich mehr und mehr eine Vorstellung davon.

So wie es ist, verknüpfe ich kaum irgend etwas damit.

Nimm an, jemand, der nach China reist und mich vielleicht niemals wieder sehen wird, sagt mir: »Wir werden uns vielleicht nach dem Tode wiedersehen.« — Würde ich notwendigerweise sagen, daß ich ihn nicht verstehe? Ich würde vielleicht einfach sagen [wollen]: »Ja. Ich *verstehe* ihn völlig.«

Lewy: In diesem Fall könnte es sein, daß Sie einfach meinen, daß er eine bestimmte Haltung ausgedrückt hat.

Ich würde sagen: »Nein, es ist nicht dasselbe wie zu sagen: »Ich mag dich sehr.« — und es bedeutet vielleicht nicht dasselbe wie irgend etwas anderes. Es sagt, was es sagt. Warum solltest du in der Lage sein, es durch etwas anderes zu ersetzen?

Angenommen, ich sage: »Der Mann hat ein Bild gebraucht.« »Vielleicht sieht er nun, daß er sich irrte.« Was für eine Art von Bemerkung ist das?

»Gottes Auge sieht alles.« — Davon möchte ich sagen, daß ein Bild gebraucht wird.

Ich möchte ihn [den Mann, der das sagt] nicht herabsetzen.

Angenommen, ich sagte zu ihm: »Du hast ein Bild gebraucht«, und er sagte »Nein, das ist nicht alles«, würde er mich dann nicht vielleicht mißverstanden haben? Was will ich [durch diese Bemerkung] erreichen? Was wäre ein richtiges Zeichen von Nichtübereinstimmung? Was könnte das richtige Kriterium seiner Nichtübereinstimmung mit mir sein?

Lewy: Wenn er sagen würde: ›Ich habe Vorbereitungen [für den Tod] getroffen.‹

Ja, das könnte eine Uneinigkeit sein — wenn er das Wort in einer

Weise gebraucht, welche ich nicht erwarte, oder wenn er Schluß-
folgerungen ziehen würde, die ich nicht von ihm erwarte. Ich
wollte die Aufmerksamkeit nur auf eine besondere Technik des
Gebrauchs lenken. Wir würden nicht übereinstimmen, wenn er
eine Technik gebraucht, die ich nicht erwarte.

Wir assoziieren mit dem Bild einen bestimmen Gebrauch.

Smythies: Er tut mehr als das, einen Gebrauch mit einem Bild zu
assoziieren.

Wittgenstein: Unfug. Ich meinte: Welche Schlüsse wirst du ziehen? usw. Wird von Augenbrauen die Rede sein in Verbindung
mit dem Auge Gottes?

»Er hätte genauso gut dies und das sagen können.« Diese [Be-
merkung] ist vorweggenommen durch das Wort »Haltung«. Er
hätte nicht genauso gut etwas anderes sagen können.

Wenn ich sage, er verwendete ein Bild, dann möchte ich nichts
sagen, was er nicht selbst sagen würde. Ich möchte sagen, daß er
diese Schlüsse zieht.

Ist, welches Bild er benutzt, nicht so wichtig wie irgend etwas
anderes?

Von bestimmten Bildern sagen wir, daß sie genauso gut durch
ein anderes ersetzt werden könnten – z.B. könnten wir, unter
gewissen Umständen, die Projektion einer Ellipse zeichnen lassen, anstelle einer anderen.

[Er *kann* sagen]: »Ich wäre bereit gewesen, ein anderes Bild zu
gebrauchen, es hätte den gleichen Effekt gehabt...«

Das ganze *Gewicht* kann in dem Bild liegen.

Wir können vom Schach sagen, daß die genaue Form der
Schachfiguren keine Rolle spielt. Angenommen, daß das Haupt-
vergnügen darin bestünde, Menschen ziehen zu sehen; dann wäre es nicht dasselbe Spiel, wenn man es schriftlich spielte. Jemand könnte sagen: »Alles, was er getan hat, ist die Form des
Kopfes zu verändern.« – Was konnte er mehr tun?

Wenn ich sage, daß er ein Bild gebraucht, mache ich nur eine
grammatische Bemerkung: [Was ich sage] kann nur durch die
Konsequenzen, die er zieht oder nicht zieht, verifiziert werden.

Wenn Smythies nicht übereinstimmt, nehme ich von davon keine Notiz.

Alles, was ich charakterisieren wollte, waren die Konsequenzen, die er ziehen wollte. Wenn ich mehr dazu habe sagen wollen, war ich nur philosophisch arrogant.

Normalerweise ziehst du Konsequenzen, wenn du sagst »Er ist ein Automat«. Wenn du auf ihn einstichst [wird er keinen Schmerz fühlen]. Auf der anderen Seite könnte es sein, daß du keinerlei solcher Konsequenzen ziehen möchtest, und das ist alles, was an der Sache dran ist, außer noch mehr Verwirrendes.

Jacques Bouveresse

Poesie und Prosa

Wittgenstein über
Wissenschaft, Ethik und Ästhetik

Deutsche Übersetzung von Andrea Kern
204 S., 15 x 23 cm, Softcover, ISBN 3-9803042-7-2
DM 48.- / öS 364.- / SFr 48.-

Die Dimensionen des Mystischen, Ethischen und Ästhetischen sind in der Philosophie Wittgensteins aufs engste miteinander verknüpft. Es ist die Frage nach dem Grund der engen Verbindung dieser Themen sowie ihres Verhältnisses zur Sprache, der Jacques Bouveresse sowohl in den frühen als auch in den späten Schriften Wittgensteins nachgeht. In einer sowohl die Philosophie des *Tractatus* als auch die Spätphilosophie verbindenden Perspektive rekonstruiert Bouveresse Wittgenstein als einen nachmetaphysischen Aufklärer. Seine Philosophie, so die grundlegende These von Bouveresse, ist ein Rationalismus, zu dem wesentlich ein klares Bewußtsein von den Grenzen der Rationalität gehört.

> *„Jacques Bouveresse arbeitet die für Wittgenstein
> zentralen Begriffe der »Logik«, »Grammatik«
> und »Lebensform« heraus, indem er ihre Bedeutung
> in Fragen der Ethik und Ästhetik aufzeigt."*
> Neue Zürcher Zeitung

Der Autor: Jacques Bouveresse war Professor für Philosophie an den Universitäten Genf und Paris I - Sorbonne. Gegenwärtig lehrt er am *Collège de France* (Paris).